近世イギリスの自殺論争

近世イギリスの自殺論争

自己・生命・モラルをめぐるディスコースと人道協会

松永幸子著

知泉書館

凡　例

1. 参照文献についてはそのつど脚注にて明記し，文献の記載方法は慣例に従った。
2. 引用文中，著者が原文を補足するような場合は，〔　〕内に示すことにした。
3. 欧文史料については次のような翻訳の方針をとることにした。
   (a) すでに邦訳のあるものについても適宜訳出し直すようつとめた。ただし参考にした邦訳については脚注でその箇所を明記した。
   (b) 原文中の古英語の綴りや文法について，現代英語では誤っていると認められるものであっても原文通りに記載した。
   (c) 重要と思われる原語についてはそのつど（　）内に補うことにした。
   (d) 英文中の大文字・小文字の使用については原文に従った。
   (e) 特に重要な引用については段を改めて提示することにした。

目　次

凡　例　　　　　　　　　　　　　　　　　　　　　　　　v

序　章　　　　　　　　　　　　　　　　　　　　　　　　3
　はじめに　　　　　　　　　　　　　　　　　　　　　　3
　第1節　本研究の課題と方法　　　　　　　　　　　　　8
　第2節　本書の構成　　　　　　　　　　　　　　　　　15

第Ⅰ部　自殺論争

第1章　自殺擁護論の系譜　　　　　　　　　　　　　　　21
　第1節　17世紀以前の自殺論——自殺把握のキリスト教的伝統　　21
　第2節　最初の自殺論——ジョン・シム　　　　　　　　24
　第3節　最初の自殺擁護論——ジョン・ダン『ビアタナトス』
　　　　　「自己保存」としての自殺　　　　　　　　　　27
　第4節　ある文学者の死とその波紋——「私こそが私自身の王」
　　　　　「愛の情念は美しい」　　　　　　　　　　　　34
　第5節　ヒュームによる自殺論　　　　　　　　　　　　40
　第6節　ヒュームの道徳論・教育論　　　　　　　　　　46
　　（1）道徳と理性・自己愛　　　　　　　　　　　　　47
　　（2）人為的徳としての「正義」と「教育」　　　　　54
　　（3）人為的徳の形成にかかわるものとしての「教育」　57
　小　括　　　　　　　　　　　　　　　　　　　　　　　61

第2章　自殺批判論の系譜——自殺批判論の動揺と反撃　　63
　第1節　ジョン・アダムスによる反撃——生命の所有・管理権

　　　　（Propriety）と人生目的論　　　　　　　　　　　　63
　　第 2 節　自殺批判軸としての家族論　　　　　　　　　71
　　第 3 節　教育（Education）への注目　　　　　　　　　77

　第 3 章　医学的自殺論の系譜──自殺の医療化　　　　　89
　　第 1 節　『イギリス病』　　　　　　　　　　　　　　90
　　第 2 節　メランコリーと自殺──17 世紀以前　　　　 95
　　　（1）ティモシー・ブライトのメランコリー論　　　　95
　　　（2）ロバート・バートン『メランコリーの解剖』　　99
　　第 3 節　自殺の医療化──自殺把握の全面的病因論化　101

第 II 部　人道協会（Humane Society）の出現とその思想

　第 1 章　イギリス初の自殺防止・人命救助団体の出現と
　　　　　その活動　　　　　　　　　　　　　　　　　117
　　第 1 節　協会の設立と自殺防止　　　　　　　　　　117
　　　（1）協会の設立と目的　　　　　　　　　　　　　117
　　　（2）王立嘆願書・設立趣意書──ホーズの計画「自殺者の
　　　　　救助，人口増大への寄与」　　　　　　　　　 119
　　　（3）「一般救助施設」の要求　　　　　　　　　　 122
　　　（4）学校と市民の教育　　　　　　　　　　　　　123
　　第 2 節　活動内容　　　　　　　　　　　　　　　　126
　　　（1）年次報告書（Annual report）　　　　　　　　 126
　　　（2）ジャーナリズムの反応　　　　　　　　　　　132

　第 2 章　RHS の思想と教育──コーガンとグレゴリーを中心に　135
　　第 1 節　コーガンによる情念論・人間論　　　　　　135
　　　（1）自己愛（Self-Love）と慈愛（Benevolence）　　135
　　　（2）自己愛と教育　　　　　　　　　　　　　　　137
　　第 2 節　グレゴリーによる教育論・モラル論・自殺論　139
　　　（1）教育について──学校教育と幼児教育　　　　140

（2）モラルについて　　　　　　　　　　　146
　　（3）自殺について　　　　　　　　　　　　149
　第3節　RHSにおける牧師たちによる自殺防止論と教育論
　　　　──「同情」・「家族」・「愛国」　　　　　　154

結　　章──おわりに　　　　　　　　　　　　　157

あとがき　　　　　　　　　　　　　　　　　　　169
文　　献　　　　　　　　　　　　　　　　　　　173
索　　引　　　　　　　　　　　　　　　　　　　183

近世イギリスの自殺論争
――自己・生命・モラルをめぐるディスコースと人道協会――

序　章

はじめに

　人はなぜ生きるのだろうか。また，生き続けようとするのだろうか。幾度となく繰り返されてきた陳腐な問い。しかし，いまだかつて誰もその明確な答えを提示できていないという意味においては，常に斬新であり続ける問いである。この問いを孕んだまま，人類はその歴史の中で絶えず生と死の営みを繰り返してきた。そしてときに人は，自らの命を放棄するという手段を選ぶ。それはなぜか。また，その行為はこれまでの歴史の中で，どのように受け止められてきたのだろうか。
　自らの命を放棄する行為＝自殺のあり方は，時代や国，性，年齢，職業の別などにより異なっており，これは自殺という現象が，その時代その社会の人間のライフサイクルのありようや，それが置かれている社会，教育（人間形成）的環境を浮き彫りにする一つの窓口たり得るということを明示するものである。
　近年若年層の自殺が増加しているイギリスでは[1]，政府（保険省）が1994年に『自殺防止』[2]を刊行した。これは，医師や心理学者たちなどの専門家により執筆された「メンタルヘルスケア（Mental Health Care）を行う人たちなどのための手引書」であるとされており，そこには，自

　1）　Department of Health, *Nationalsui-cide Prevention Strategy for England*, 2002, p.9. また，本書でイギリスとはおもにイングランドを指す。
　2）　Morgan, H. Gethin et al.sui-cide Prevention; The Challenge Confronted, A Manual of Guidance for The Purchasers and Providers of Mental Health Care, London, HMSO, 1994.

殺志願者の早期発見の方法や自殺の予防法などが具体的に記されており，自殺志願者の両親に対する教育や指導の必要性も指摘されている。続いて 2002 年に公刊された『イギリスのための国民自殺防止戦略』[3]においては，2010 年度までに自殺者を 2 割減らすことなどが明記されていた。主たる目標の一つとして「精神的健康を広く促進すること」が挙げられており，その中で，若い人の自殺防止のために，特に学校教育で精神衛生を促進することが自殺防止につながる，とされている[4]ほか，幅広い年齢・階層の人たちに対して，メンタルヘルスの促進を行うための手段・方法が，幅広い階層，人種，年齢の人々を対象にして詳細に記載されている[5]。また，自殺防止対策として，「精神病者による自殺と殺人に関する国家調査」が，精神病治療を受けている人々による過去の自殺未遂例について調べていることが記載されている[6]。その後，2005 年には，国立精神衛生研究所から，引き続き『イギリスのための国民自殺防止戦略』の続編とも言うべきものが提出され，2004 年度の時点で，2002 年の公刊時の目標がどれほど達成されたのかも合わせて，メンタルヘルスの促進の重要性が確認されている[7]。ここでは，自殺は犯罪予防と同型の枠組みで論じられている観を呈しており，かつすぐれて精神科医・心理学者の領域，精神衛生の問題として捉えられている。

　日本に目を転じてみても，「自殺防止対策有識者懇談会報告」において，「「自殺」は公衆衛生上の問題である」とされ，「自殺のハイリスク者を早期発見し，精神科医等の専門家を紹介する等，適切に危機介入することが期待される」とある。自殺予防対策として，「普及・啓発や教育」が挙げられ，「うつ病等の心の健康問題」，「セルフケア」，「心の形成を重視した教育と心の健康問題」「自殺予防教育」といった言葉が紙面に散見される[8]。このような流れの上で 2006 年に自殺対策基本法が制

---

3) Department of Health, *op.cit.*, 2002.
4) *Ibid.*, p.19, p.23.
5) *Ibid.*, pp.19-23.
6) *Ibid.*, p.27.
7) National Institute for Mental Health in England, *National Suicide Prevention Strategy for England.*,2005.
8) 植田紀美子「自殺防止対策有識者懇談会報告「自殺予防に向けての提言」について——公衆衛生従事者に期待されること」『公衆衛生』第 67 巻　第 2 号，医学書院，2003 年，124-126 頁。

定されたが（平成18年法律第85号），そこでは，「自殺対策は，国，地方公共団体，医療機関，事業主，学校，自殺の防止等の活動を行う民間団体らの相互の密接な連携の下，実施されなければならない」とある。これを受けて，2007年，自殺防止対策をまとめた『自殺対策白書』が初めて提出された。ここでも「心の健康」という言葉が頻繁に登場するなど自殺がすぐれて精神衛生の問題として捉えられている観を呈している。また，特に青少年の自殺については，学校の児童生徒や教職員に対する自殺予防に資する教育や児童生徒への「心理的ケア」の必要性が提起されている[9]。

　寺崎弘昭は，このような現況を「世を挙げての「心の時代」」，「こころ至上主義」と称する。寺崎は，この教育と社会を覆っている「心理主義化」が，「コーエンが明らかにしたような，20世紀を通じて「精神衛生（mental hygiene）」的配慮の浸透によって教育の「衛生化（hygienization）」が展開してきた，その日本版ともいえる」[10]，とした上で「教育，福祉，犯罪，病院，産業といった制度に食い入り，いわば「宿り木」的に増殖を遂げてきた」[11]現代の「心理学」について，「心理」概念の歴史学的再検討と本来の「心身の〈心理学〉」の全容解明の必要性を指摘してもいる[12]。これについては今はひとまず措くとしても，このような今日の生命と精神衛生・教育をめぐる言説の氾濫は，ミシェル・フーコーのいわゆる「生−権力（bio-pouvoir）」の横溢を物語るようでもある。周知のように，「生−権力」とは「生きさせる権力（pouvir de faire vivre）」[13]である。「今や，生に対して，その展開のすべての局面に対して，権力はその掌握を確立する」[14]。

　その「生−権力」にとって，しかし，「死は権力の限界であり，権力の手には捉えられぬ時点である。死は人間存在の最も秘密な点，最も『私

----

9)　内閣府『平成19年版自殺対策白書』（http://www8.cao.go.jp/jisatsutaisaku/whitepaper/index-w.html）参照。

10)　寺崎弘昭「はじまりの《心理学》と西周──「心理学」をリセットする」『山梨大学教育人間科学部紀要』第8号，2007年，278頁。

11)　同上，278頁。

12)　同上。

13)　正確には，「生きさせるか死の中へ廃棄する権力」である。ミシェル・フーコー『性の歴史I──知への意志』渡辺守章訳，新潮社，1986年，175頁。

14)　同上。

的な』点である。」[15]，とフーコーは言う。そこでフーコーは即座に自殺に言及して，次のように言う。

「自殺が——かつては罪であった，というのも，地上世界の君主であれ彼岸の君主であれ，君主だけが行使する権利のあった死に対する権利を，まさに彼から不当に奪う一つのやり方であったからだが——十九世紀に，社会学的分析の場に入った最初の行動の一つであったというのは驚くに当らない。それは，生に対して行使される権力の境界（frontiere）にあって，その間隙にあって，死ぬことに対する個人的で私的な権利を出現させたのだ」[16]。

もとより，ここで「社会学的分析」と呼ばれているのはあのエミール・デュルケームの『自殺論』[17]であり，それは生を経営・管理する政治権力により統治される社会にとって自殺が「権力のフロンティア」に位置づくが故に危機意識に基づいて「最初の驚きの1つ」なのであった[18]。デュルケームのその社会学的分析は，自殺を「個人的で私的な」もの（＝「間隙」）ではなく，社会的規則的なものへと解消することで自殺を「生−権力」にとって対処可能なものへと繰り込むことが企図されたのだが，ここで明らかなことは次のことである。

最初に，生をめぐる言説（権力）は，その限界点に位置する死をめぐって，とりわけ自己と死が同時に問題になる「自殺」という行為をめぐってその性格を顕わにするということ[19]。そして，二つ目に，フーコーは自殺への社会的な「驚き」を19世紀の社会学に代表させて指摘したのだが，しかし，その「驚き」とそれに起因する論争的言説はそれより以前，17・18世紀に隆盛を極めていたということである。

フーコー自身，すでに『狂気の歴史』においては，フランスにおいて

---

15) 同上。
16) 同上，175-176頁。
17) デュルケーム『自殺論』宮島喬訳，中央公論社，1985年。
18) 同上，175-176頁。
19) 文部省による学習指導要領でも，「生命に対する畏敬の念を育てることは，生徒の自殺問題を考えるとき，一層重要となる」と明示されている。（文部省『高等学校学習指導要領解説　総則編』東山書房，1999年，82頁。）

自殺未遂が冒瀆として死刑となる犯罪から，「魂の無秩序」として位置づけられ，自殺未遂者が監禁されるに至る経緯を指して，以下のように指摘していた。

> 「自殺行為がもっていた瀆神という意味が，非理性（déraison）という中性的な領域へ結びつけられるようになる。自殺行為を制裁する監禁制度は，その行為から，神の冒瀆にかんするあらゆる意味をとり除くのであり，しかも，その行為を道徳的行為と規定することによって，それを一つの心理学の分野のなかへ次第に導くようになるだろう」[20]。

的確な指摘だとはいえそれも詳細な歴史分析の上でなされたものとはいい難く，またフランス以上に，「自殺大国」と呼ばれたイギリスで，17・18世紀，自殺論争が華々しく戦わされていたことには殆ど顧慮が払われなかったように思われる。

上述した「自殺防止」プログラムの枠組みは，本書が明らかにするように，じつは，その中に含まれる「教育」論も併せて，17世紀から18世紀にかけてのイギリスにおける自殺論争ですでに展開されていた議論におよそその原型が見出せるものであり，自殺論争の果てに18世紀末に辿りついた言説の布置の延長にあるといえるのだ。そしてその布置を体現していたものこそが，イギリス初の自殺防止団体として出現した「人道協会（Humane Society）」，のちの「王立人道協会（Royal Humane Society）」（以下RHSと略記）なのである。そこでは，自殺防止活動とともに，それまでの心臓停止が人間の死であるとする常識が打ち破られ，人工的な蘇生術の実行による生の回復が目指されていた。まさに生命の所有が「神の手」から「人の手」にシフトする過渡期に位置し，その実践の率先により先導役を果たした注目に値する存在であると言えるが[21]，これについてもフーコーにおいては言及されていない[22]。

---

20) ミシェル・フーコー『狂気の歴史』田村俶訳，新潮社，1975年，114-115頁。（傍点筆者。）

21) 本書で明らかにするように，協会の活動は，設立当事者において「自殺防止，人命救助によって人口減少を食い止め，人間生命の所有主たる国家に貢献するもの」と認識され

寺崎弘昭は，ヨーロッパ教育関連語彙の資料をもとに，教育の原義が生（命）を養い育むことにあると提言している[23]。そうであるならば，教育が「生命の問題」との関係で論じられるのは当然である。このような観点からも，とりわけ，現代の生命・自殺把握がどのように形成されてきたのか，具体的史料に即した詳細な検討が必要となるはずである。

第1節　本研究の課題と方法

イギリスではつい40年ほど前まで自殺は犯罪として法律で禁止されていた[24]。「イギリスでは自殺は避けよ。失敗すれば犯罪人，成功すれば狂人（lunatic）だ。」[25] という俚諺を生み出したそのイギリスは，かつて文字通り「自殺大国」と呼ばれていた。理由として，他国と比べて早い時期から自殺があからさまに語られていたこと，他国に類を見ない自殺論の多さ，そこで繰り広げられた論争の激しさなどを目の当たりにした大陸からの旅行者が，イギリスは余程多数の自殺者を抱える国なのだというイメージを抱いてしまったことなどが挙げられている[26]。自殺が「イギリス病」と呼ばれたのも，この17・18世紀に盛んに繰り広げられた自殺論争に由来する。17・18世紀という時代は，紛れもなく自殺観の重要な転換期となった時代であった。

ていた。
22)　稲村博は，世界で初めて自殺防止活動を行った団体で記録に残る最古のものは，東ヨーロッパで19世紀末に設立されたレンベルグ有志者救済協会であるとしているが（稲村博「自殺防止の歴史」青少年問題研究会『青少年問題』26巻，1979年。），それ以前にイギリスでこのような自殺防止団体が設立されたことが本研究により明らかにされる。
23)　寺崎弘昭『ヨーロッパ教育関連語彙の系譜に関する基礎的研究』2001-3年度科学研究費補助金研究成果報告書，2004年，43-62頁。
24)　自殺に対する処罰は1961年になって正式に廃止された。しかし，実際には100年ほど前から適用されていなかった。(Michael MacDonald & Terence R. Murphy, *Sleepless Souls :sui-cide in Early Modern England*, Oxford University Press, 1990, p.351.)
25)　Barbara. T. Gates, *Victoriansui-cide*, Princeton University Press, 1988, pp.6-7.
26)　MacDonald & Murphy, *op.cit.*, pp.307-309 および Georges Minois, *Histoire du suicide: La société occidentale face à la mort volontaire*, Libraire Arthème, 1995 (*History ofsui-cide : Voluntary Death in Western Culture*, trans. by Lydia G. Cochrane, Johns Hopkins University Press, 1999, p.219.)

序　章

自殺論——それは死を語ることである。そしてそれ以上に生をめぐる論議なのでもある。そこでは，ある特殊な「死」をめぐって，自殺は「殺人」行為なのかという問題を軸にして，自己と生命の問題が問われ，自殺という行為のモラル[27]との関連が問われ，そして家族や教育との関連も問われている。

自殺論の史的展開をことさらにイギリスに辿ろうとするのは，17・18 世紀イギリスにおける自殺論争の顕著な盛況という理由の他に，「自殺（suicide）」という言葉の由来にも理由がある。というのは，あのデュルケームの『自殺論』も "suicide" という言葉を当然のように使っているのだが，その "suicide" はイギリスを発祥の地とするものだからである。

現在，自殺という意味で一般的に用いられるこの "suicide" という語は，実は 17 世紀にイギリスで初めて登場した言葉である。それ以前は，"self-murder"，"self-killing" など，殺人（murder, killing）を直接表現する語が使用されていた。ところがそこに，自殺に "self-killing" でも "self-murder" でもなく，"self-homicide" という語を使用する例が現れる。最初の自殺擁護論を著したジョン・ダン『ビアタナトス』（1647 年，ただし 1607-1608 年に執筆完了）においてであり，これが "self-homicide" という語の誕生の瞬間である[28]。英米法辞典によれば，"murder" が有罪の殺人であるのに対し，"homicide" は正統的殺人や偶然的殺人にも用いられる用語であり[29]，"killing" や "murder" に比べていくぶん犯罪性を直

---

[27]　原文でモラルは morality または moral となっており，邦訳では一般的に「道徳」と訳される場合も多いが，「道徳」の語源は，老子が専ら「道」と「徳」を説いた恬淡虚無の学にある。（新村出編『広辞苑』第 5 版，岩波書店，1998 年，1888 頁。）一方，周知のように，moral の語源は，そもそも習俗，慣習を表した mores にある。この相違より，イギリスの思想家たちの moral を「道徳」と限定して訳出することは不適切な感がある。そのため本書では，倫理，人間の行為についての判断，生き方の規範等も含有する広義の概念として，moral をあえて「道徳」と訳出せずに「モラル」で統一した。但し，ヒュームの Of moral については，国内の先行研究においてすでに長い間，「道徳論」と訳することが一般化しているため，これについては既存の研究訳に従い「道徳」と訳出してある。

[28]　D. Daube, "The Linguistics of sui-cide" *Philosophy and Public Affairs*, Vol.1, Issue 4, Princeton University Press, 1972, p.419. また，オックスフォード英語辞典の "homicide"「n²」の項目では，"self-homicide" はダンの 1612 年の βιάθάνατος が初出となっている。(*The Oxford English Dictionary* Vol. V , Clarendon Press, 1933, p.354.)

[29]　高柳賢三・末延三次編『英米法辞典』有斐閣，1952 年，218-219，312-313 頁参照。

ちには意味しない表現になっているのがわかる。ダン自身も法学に精通しており[30]、その著書『ビアタナトス』において、罪責性ある殺人を"murder"とし、"homicide"とは区別している[31]。他方、本書で明らかにされるように、自殺批判論では"self-homicide"ではなく、"self-murder"（あるいは self-murther）や"self-killing"が使用されていることからも、これらの言葉の含蓄の差異が推測できるのである。

　"suicide"は、オックスフォード英語辞典によれば、1651 年に初めて文献に登場する。これは、やはりイギリス人の医師で聖職者でありまた哲学者でもあったウォルター・チャールトン（Walter Charleton）が、その生みの親であると考えられている[32]。チャールトンは自殺擁護論を著している人物であり、彼がダンの使用した"self-homicide"からこの"sui-cide"を考案したのではないかと言われている。なぜなら、sui はラテン語で self の意であるが、ラテン語には"suicidium"という語は存在せず、またこの語はラテン語の文法上に反しているためである[33]。"suicide"――"self-homicide"よりさらに婉曲的な響きを得た、イギリス自殺論争初期の落とし子が、やがてイギリスからフランス、スペイン、イタリア、ポルトガルなど各国に受容されていったのである[34]。したがって、「自殺（suicide）」という言葉で自殺を語るということがそもそも本来どのような自殺観を背後に暗黙裡にもつものなのか、また、それはどのような自殺観の葛藤の中で意味をもちまた変化していったのか、その経緯を如実に知るためには、「自殺（suicide）」の発祥の場にまずは定位せねばならないのである。

　イギリスでは 7 世紀に入り、ハートフォード公会議（the Council of

---

30) John Donne, *Biathanatos*, Associated University Press, 1984 (1647), p.xi.
31) *Ibid.*, p.72.
32) Daube, D., *op.cit.,* p.422.
33) *Ibid.,* p.422.
34) MacDonald & Murphy, *op.cit*., p.146 および Daube, *op.cit*., pp.387-437。また、大英図書館の所蔵文献目録においても、2012 年時点では、"self-murder"をタイトルに含むものは 60 件、それに対し、"suicide"は 2562 件である。"suicide"をタイトルに含むもので大英図書館所有の最古のものは、1733 年のものだと思われる。また、"self-murder"をタイトルに使用している 37 件の中には歴史研究書の副題としてこの語を使用しているものも含まれており、それ以外では 18 世紀末頃までには殆ど見られなくなっている。この数字も近年の "suicide" の普及、定着ぶりを物語るひとつの指標といえよう。

Hertford）がカノン法で自殺者に対するキリスト教式葬儀と埋葬を禁止し，10世紀半ば，エドガー王の法（a law of King Edger）により，狂人（Madmen）以外に対するその規定の適用が確認された[35]。判決には，有罪の"felo de se"(自己殺害）と無罪の"non compos mentis"(心神喪失）とがあった。13世紀に法学者ブラクトン（Henri de Bracton）により編纂されたイギリスの法注釈書には，自己殺害"felo de se"の判決を受けた者は"non compos mentis"の処遇とは異なり，土地や財産を没収されることが明記されている[36]。これが，やっと19世紀に入って，1823年制定法の成立により自殺者の教区への埋葬が正式に認められることになる[37]。

17・18世紀イギリスは，自殺が基本的には法的には殺人以上の大罪であり，キリスト教式葬儀と埋葬が禁止され，心神喪失と判定されない場合には，土地や財産を没収され家族にも累が及んだ時代にあたる。この時期の自殺の歴史についての研究としては，邦語文献ではイギリス自殺史研究そのものが管見の限りでは見当たらないが，英語文献では最もまとまった包括的な研究として，マクドナルドとマーフィの『眠りなき魂——近世イギリスの自殺（Sleepless Souls : Suicide in Early Modern England）』[38]（1990年）がある。彼らは，主として18世紀までのイギリス自殺史を「社会文化史」的視座から論じているが，その主要な知見は，自殺の検視判定の変化を数量的に把握し，その結果と政治の中央集権制の程度の変化との相関を論じることに集中している。すなわち，彼らによれば，1660年頃までは"felo de se"の判決が圧倒的であり，"non compos mentis"は"felo de se"の1％に満たないこともあったが，その後徐々に"non compos mentis"の判決が増加し始め，17世紀末頃には急

---

35) MacDonald & Murphy, *op.cit.*, p.19.
36) Henry de Bracton, *Bracton on the Laws and Customs of England*, ed. and trans. by S. E. Thorne, Cambridge, Mass., 1968 (1250-1260), ii, pp.423-424.
37) 1823年自殺法（4 Geo. IV, c.52.）。また，John Ashtonによれば，自殺者がクロスロードに葬られた最後の事例は1823年6月のことである。しかし一方で，殺人罪で死刑を宣告され自殺した囚人の遺体が杭を打たれ，公衆の面前で穴に投げ入れられるのを1825年に目撃した，という証言もあるという。(Leon Radzinowicz, *A History of English Criminal Law and its Administration from 1750*, London, 1948, p.196.)
38) Michael MacDonald & Terence R. Murphy, *Sleepless Souls :sui-cide in Early Modern England*, Oxford University Press, 1990.

検視データ一覧 (1660-1799年)

	1660-9	1670-9	1680-9	1690-9	1700-9	1710-19	1720-9	1730-9	1740-9	1750-9	1760-9	1770-9	1780-9	1790-9	Totals
King's Bench (England)															
Felo de se	573	409	363	337	202	93	0	0	0	0	0	0	0	0	1,977
Non compos mentis	54	51	70	135	149	63	0	0	0	0	0	0	0	0	522
TOTAL	627	460	433	472	351	156	0	0	0	0	0	0	0	0	2,499
North-west counties															
Felo de se	2	0	0	3	2	6	6	6	6	1	0	1	0	1	34
Non compos mentis	0	0	0	1	1	1	10	3	2	9	39	49	72	15	202
TOTAL	2	0	0	4	3	7	16	9	8	10	39	50	72	16	236
Western counties															
Felo de se	0	0	0	0	0	0	0	2	11	13	26	9	13	4	78
Non compos mentis	0	0	0	0	0	0	1	2	20	68	81	80	72	48	372
TOTAL	0	0	0	0	0	0	1	4	31	81	107	89	85	52	450
Greater London															
Felo de se	0	0	0	0	0	0	0	0	0	0	4	1	2	7	14
Non compos mentis	0	0	0	0	0	0	0	0	0	0	146	188	358	379	1,071
TOTAL	0	0	0	0	0	0	0	0	0	0	150	189	360	286	1,085
Norwich															
Felo de se	0	0	0	0	0	1	1	8	13	16	2	0	0	0	41
Non compos mentis	0	0	0	0	0	17	10	26	25	40	32	27	11	5	193
TOTAL	0	0	0	0	0	18	11	34	38	56	34	27	11	5	234
Grand totals															
Felo de se	575	409	363	340	204	100	7	16	30	30	32	11	15	12	2,144
Non compos mentis	54	51	70	136	150	81	21	31	47	117	298	344	513	447	2,360
TOTAL	629	460	433	476	354	181	28	47	77	147	330	355	528	459	4,504

増し，18世紀に入ると逆転する[39]。そして18世紀の末にはついに"non compos mentis"の判決が97％以上をも占めるまでに至るのである[40]（表参照）。この変化は，彼らによれば，地域政治の中央集権的権力への反発の集積であったと概括される。

　たしかに，裁判記録や検視調書，多種の新聞など多様かつ豊富な資料が精力的に動員され，検視判定の歴史的変化が明らかにされたことは，マクドナルドらによる重要な成果である。これをベースに，自殺観史研究にとってもさまざまな問いが可能となる。たとえば，"felo de se"（自己殺害）から"non compos mentis"（心神喪失）へというこの検視判定の史的変容は，いかなる自殺把握の史的変容を前提にし，あるいは伴ったのだろうか。しかしながら，マクドナルドらにその答えを期待しても「世俗化（secularization）」[41]という答え以上は返ってこない。そもそも彼らには，上述の論証に関する以上に自殺論・自殺観の内在的・全面的な分析に踏み込む志向は稀薄であり，ヨーロッパにおける自殺論全般が紹介されてはいるのだが，あまりに簡潔で，内在的分析がなされているとは言い難いものである。また，検視判定に医者の関与が決定的なものであったにもかかわらず，「17世紀後半から18世紀において医者たちは，自殺理解になんらの顕著な貢献をなさなかった」[42]ともいわれている。しかし，彼らの言及した自殺論のリストは極めて網羅的なものであり，それは有用なものであることはまちがいない。マクドナルドらの著書の「あとがき」に，18世紀後期，RHSが設立され，そこで自殺批判論者の牧師の説教があり，多数の自殺未遂者が人工呼吸により蘇生されたことが報告された，という記述がある。しかしマクドナルドらの言及はわずか数行にとどまっており，本協会の詳細について論じられていない。激しい自殺論争の末に誕生し，自殺未遂者を救出する協会とはいかなるものだったのか。RHSは現在もロンドンに存続しており，200年余り活動を続けている。その後，各国で児童保護・動物愛護活動を展開した

---

[39] MacDonald & Murphy, *op.cit.*, pp.114-131, 364-365.
[40] *Ibid.*, p.364, Table A.2-2.
[41] *Ibid.*, p.199.
[42] *Ibid.*, p.198.

さまざまな 'Humane Society' の先駆けともいわれている[43]。その RHS とはいかなる意味を持って誕生しあるいは存続しているのか，その設立過程や活動，設立者の思想をも含めて検討することは，イギリスにおける自殺・生命把握の歴史的変容をその教育史的意義をも含めて抽出する一助となるものである。

これらの作業により，「はじめに」で見たような現代における自殺把握[44]を成立させた歴史的基盤に，どのような自殺・生命把握の史的変容，ないし重層が前提されていたのかを考える契機としたい。そこでは，〈自殺〉という事象に関わって，"self"，"life"，"morality"，"(in)sane" といった概念との関連で人間観（ひいては人間形成観）の近代的特徴と構造が，家族や教育や医学的配慮との関連も含め明らかにされ得る。

そこで，本研究では，自殺論そのものの内在的分析に踏み込むべく，史料に関しては，網羅的かつ精力的に資料収集していると思われるマクドナルドらによる『眠りなき魂』で言及されている自殺論の他，17，18 世紀に発行された自殺と名のつく論文で，かつマクドナルドらにより検討されていない史料をも追加し，17，18 世紀イギリスにおける自殺論の具体的かつ詳細な検討を行う。ただし，医学的自殺論に関しては，マクドナルドらの言及している著作と，合わせて医学史などで代表的とされている人物を取り上げる。また，自殺擁護論者であるヒュームに関しては，自殺論だけではなく他の代表的著作も検討し，彼のモラル・教育把握を確認する。また，マクドナルドらが殆ど注目していない RHS[45] については，特にその誕生にさいし，背景に設立者のどのような

---

43) Addeane S. Caflleigh, "Drowning and the Founding of The Royal Humane Society" *Academic Medicine*, Vol.71, Hanley & Belfus, 1996, p.582; Diana Coke, *Saved from a Watery Grave*, London, 2000, pp.8-9, Royal Canadian Humane Association HP.（http://www.canadabraveryawards.com/ など参照。）

44) たとえば，一ノ瀬正樹は，自殺を「殺人」と捉える心性は許容されてしかるべきであり，「殺人」は「殺人」として理解される限り，生じるべきでない，生じないほうがよい，つまり非難されることへ向かう行為である，としているが，このような心性も，「はじめに」でみたような現代の一般的な自殺把握の一つといえるだろう。（一ノ瀬正樹「「殺人」試論」『東京大学大学院人文社会系研究科・文学部哲学研究室論集』20 号，2001 年，52-55 頁参照。）

45) RHS についてであるが，本協会を中心に取り上げた研究は，邦語文献では管見の限りでは見当たらない。博愛事業史研究などにおいては，国内外において，その通史の中で本協会が言及されてもいるが，いずれもわずか数行程度の言及にとどまっている。その発足過程や設立者の思想，自殺との関連なども含めた RHS の総括的な研究そのものは見当たらな

思想があったのか，設立趣意書，設立者の著作，当時の代表的新聞，雑誌記事，年次報告書を網羅的に調査する。また，本協会の具体的活動内容について，活動内容が記録されている年次報告書は設立以降，18世紀末まで全巻を検証する。彼らに対する社会的評価についても詳らかにしたい。これらの資料は，おもに，大英図書館，ウェルカム医学史研究所，RHSのほか，英，米国の地域図書館，東京大学ほかの複数の大学などで収集された。

第2節　本書の構成

以上のような研究の課題設定のもとに，本書は次のような構成で展開していく。まず，第Ⅰ部では，イギリスで最も激烈であった自殺論争を検討する[46]。この論争が，後のRHSの設立の背景にあるのだ。第1章では，自殺擁護論に焦点を合わせる。まず，自殺把握のキリスト教的伝統を概観したうえで，ここでイギリスで最初の自殺論が検討される。アウグスティヌス，トマス・アクィナスの自殺思想の流れのうえで，ジョン・シムは初めて体系的な自殺論を著した人物であると言われている。その後の17・18世紀に展開された激烈な自殺論争の前奏ともいえる初期自殺論はどのようなものだったのか。そして，その後展開された自殺論争について，自殺論を自殺擁護論，自殺批判論，医学的自殺論に分類し，前述したように，本章では自殺擁護論の展開を見ていく。まず，イギリス初の自殺擁護論として登場したジョン・ダン『ビアタナトス』を検討する。その後，自殺した文学者ブラウントを擁護して自殺擁護論を展開したチャールズ・ギルドンの論を取り上げる。これまで殆ど注目されてこなかったこのギルドンの論が，自殺論争勃発の引き金になっており，その後，自殺批判論者に徹底的に攻撃されることからも，ギルドン

いのが，現状である。

46)　道徳心理学などの分野においては，イングランド思想とスコットランド啓蒙思想とを区別して読み解く研究がなされているようだが，自殺論争の先行研究であるマクドナルドやスプロットらが論争を取り上げるさい，二つを特に区別していないことから，本研究でもこれらを自殺論争の一まとまりの資料，言説として取り扱う。

は重要な人物の一人と言えるだろう。続いて，代表的自殺擁護論者と目されていたヒュームの自殺論・道徳論・教育論に着目する。これらの論の具体的検討により，擁護論者たちの自己（self）や生命（life）・モラルについての考え方が明らかにされる。続いて，自殺擁護論者であるヒュームが，どのような教育観，モラル観を持っていたのかを知るためにも，ここでヒュームの教育論，道徳論を取り上げ検討する。

　第2章では，自殺批判論を検討していく。自殺は犯罪だという当時の「常識」を打ち破って登場した自殺擁護に，牧師たちを中心とした自殺批判論者・モラリストたちは大いに動揺した。ここで自殺大論争が勃発する。批判論者たちは擁護論者たちを激しく攻撃しながら論を展開させていくが，その基軸が自己保存やモラル，狂気であったことを，教育論や家族論と合わせて明らかにしていく。

　こうして自殺擁護論，批判論を踏まえたうえで，第3章では，医学的自殺論を検討していく。擁護論者・批判論者の論争の挟間を縫って進行し，かつこれら論争を規定した事態は，自殺者の検視において「自己殺害」ではなく「心神喪失」と判定する事例が増加していったという事態であった。同時に論争の動向を規定するファクターへとせり上がってきたのは医師たちであった。自殺は，メランコリー把握の変化を通して，悪魔憑きや体液論的規定から解き放たれて神経病による規定へとその様相を変容させていった。そこでは，悪魔への対処と神への信仰，食餌療法などの養生論的要素が払拭され，自殺が神経病の一種とみなされるようになり，いわば自殺の医療化が完結する。ここでは，17世紀以前と以降の医師たちの論をそれぞれ分析することにより，その過程と内容を詳らかにする。

　続く第II部では，このような激論の最中，18世紀後半に設立されたイギリス初の自殺防止協会である王立人道協会（Royal Humane Society）を取り上げる。本協会はイギリスで初めて人工呼吸法を実践し，普及させた特異な団体であり注目に値するが，国内外ともにこれまで十分な研究がなされてこなかった。特にわが国においては，本研究を主たる対象とした研究は皆無といってよい。そこで第1章では，まず，協会の誕生とその目的を，設立者ホーズの手による設立趣意書などから抽出する。本協会がいかなる意味を持って出現し，存続したのか，人

間・生命把握について社会にいかなる影響を与えたのかを，協会の年次報告書，当時の代表的な新聞記事の詳細な検討などにより明らかにしたい。

　第2章では，RHSの思想を，設立者としてホーズのパートナーである医師コーガンと，RHSのもう一人の立役者であり，自殺論争史上に有名な牧師グレゴリーの論を中心に検討し，その教育観，自殺観，モラル観を抽出する。激しい論争の末に，立ち上がった自殺防止協会はいかなる人間と情念に関する見方をベースとしていたのか。自殺論争上，対立していたはずの牧師と医師が，本協会の存在を妥協点として，いかなる思想や意図を持って歩み寄ったのかが詳らかにされるはずである。また，協会で毎年定期的に行われていた他の牧師たちの説教も取り上げ，そこに顕著に見られる自殺観や人間観についても合わせて検討する。

　以上により，近世イギリスにおける自殺観・生命観とモラル観の史的変容ならびに生命（life）と教育（education）が繋がる過程を照らし出してみたい。それらが自己（self）や情念（passion），国家，家族との関連でどのように誕生し，展開されてきたのか。それを，近世イギリスにおける自殺論争の展開や，そこに生じた自殺防止・人命救助活動を手がかりに明らかにすることを試みる。

第Ⅰ部
自殺論争

第1章
自殺擁護論の系譜

第1節　17世紀以前の自殺論——自殺把握のキリスト教的伝統

　初期キリスト教において，自殺は二つに大別された。一つは殉教。そしてもう一つは人間的理由での自殺である。前者はこの世での生を厭い，神と共に在ることを切望する行為として容認された。しかしその一方で，後者，すなわち絶望など単に人間的な理由での自殺は邪悪なものと見なされていた[1]。アウグスティヌスは，正教典のどこにもキリスト者が自殺の権利を認められているような典拠は見出されないとした。聖書中の「汝殺すなかれ」という戒命は，理性を欠いた動植物でなく，われわれ人間に対するものである。そしてそれは隣人のみでなく，自分自身にも該当すると解釈すべきなのだ，というのである[2]。また，聖女ルクレティアや，古代ローマの軍人カトーの例を挙げ，彼らの場合においても自殺は許される行為ではないとし，自殺一般の罪責性を主張した。特にルクレティアの場合のように強姦から逃れ処女を守り通すために行われる自殺について詳細に論じており，強姦された場合でも，敬虔なキリスト者の貞潔の徳は奪われないので，そのような場合の自殺は無実の

---

　1) Minois, *op.cit.*, pp.25-26. アウグスティヌスは『神の国』において，2種類の人間について語っている。一つは神に従って神的に生きる人間，もう片方は人間に従って人間的に生きる人間である。前者は神と共に永遠の支配の中に定められ，後者は悪魔と共に，永遠の刑罰に定められている。これらは象徴的に二つの国と呼ばれる。(アウグスティヌス『神の国』第4巻, 服部英次郎訳, 岩波書店, 1986年, 9-12頁。)

　2) アウグスティヌス『神の国』第1巻, 服部英次郎訳, 岩波書店, 1982年, 66-69頁。

女性を殺すという行為と等しい，としている[3]。しかしその一方で，アウグスティヌスは，自殺または殺人の「例外」についても述べている。ここでいう「例外」とは，自殺または殺人の中でも罪責を免れるものである。それは神の命によるものである。神の立法すなわち最も公正な命令による殺人は，ただ残酷の罪を咎められないだけでなく，敬虔の名をもって称えられている。その例として，家を破壊することによって自らの命を投げ出して敵を倒したサムソンを挙げる。この場合は，彼を通じて奇跡を行っていた霊が密かにそのことを命じたのであり，「例外的殺人」として認められている[4]。

イギリスでは7世紀に入り，ハートフォード公会議（the Council of Hertford）がカノン法で自殺者に対するキリスト教式葬儀と埋葬を禁止し，10世紀半ば，エドガー王の法（a law of King Edger）により，Madmen以外に対するその規定の適用が確認された[5]。その後，自殺の決定的批判論者として登場したのがトマス・アクィナスである。トマスは，かの『神学大全』において，「人は自分を殺すことが許されるか」と問い，アウグスティヌスの議論を基に，アリストテレスにも依拠しつつ自殺について論じている。そしてトマスは，自殺は以下に記す三重の理由により，決して許されぬ罪である，と結論した。

「第一に，いかなるものも自然本性的に自分自身を愛するのであって，いかなるものも自然本性的に自らの存在を保全し，諸々の破壊的要因にたいして可能なかぎり抵抗するのはその徴しである。したがって，或る人が自分自身を殺すのは，自然本性的な傾向性 inclinatio naturalis に反することであり，また何びとでもそれでもって自分自身を愛すべきであるところの，愛徳 caritas に反する。したがって，自殺は自然法と愛徳に反することとして，常に大罪 peccatum mortale である。

第二に，いかなる部分も，それの存在において，全体に属する。しかるに，いかなる人間も共同体の部分であり，従ってそれの存在

---

[3] 同上，56-85頁。
[4] 同上，69-70頁。
[5] MacDonald & Murphy, *op.cit.*, p.19.

において，共同体に属する。したがって，彼は自分自身を殺すことにおいて，共同体にたいして害悪を為すのであり，この点アリストテレスが『ニコマコス倫理学』第五巻（1138 a11）であきらかにしているごとくである。

　第三に，生命は神によって人間に授けられた何らかの賜物であり，「殺し，かつ生かす」ところの御方の権能の下にある。したがって，自らの生命を取り去る者は神にたいして罪を犯すのであって，それはちょうど他人のしもべを殺す者はそのしもべの所有者たる主人にたいして罪を犯し，自らに委託されていないことがらについての裁判（権）を自分の手に簒奪する者が罪を犯すのと同様である。けだし，死と生の裁きを下すことは神にのみ属すのであって，そのことは『申命記』第三十二章（第三十九節）に「わたしが殺し，わたしが生かす」と記されているごとくである」[6]。

　また，自殺者は悔悛（poenitentia）の機会を自分から奪うことにより，自らに対して最大の害悪を為すことになる，としている[7]。
　アウグスティヌスとトマスの自殺論に見られる最大の相違は，「例外的」自殺に対する姿勢である。前述したように，アウグスティヌスが神の命による自殺や殺人を称賛に値する場合もあるとして，比較的柔軟な立場をとっているのに対し，そのアウグスティヌスに依拠しているにも関わらず，トマスにはそのような寛容の姿勢は見られない。特にサムソンの自滅の件に関して，アウグスティヌスは神の命による自殺という議論軸で対処しているのに対し，トマスは，「サムソンは自殺したが，かれは聖者たちの一人に数えられている。それ故に，自らを殺すことが許されるのか」という問いを立てているのみで，本来議論の焦点となるべき「神の命による自殺は許されるか」という問いの設定をそもそもしていない。これはトマスが恣意的に「神の命による自殺」についての議論を回避し，問題軸をすり替えたのだと考えられる。なぜなら，全体を通してアウグスティヌスの議論を基にしておきながら，その後も一切この「神の命による自殺」という問題には触れられていないからである。そ

---

[6] トマス・アクィナス『神学大全』第18巻，稲垣良典訳，創文社，1985年，172頁。
[7] 同上，172頁。

の結果トマスはサムソンの自滅について，アウグスティヌスの「サムソンといえども，敵もろとも自らを家の破壊によって押しつぶしたことについて，彼によって諸々の奇跡を為し給うた聖霊がそのことを密かに命じ給うたのでなかったら，赦しを受けることはなかったであろう。」という一文のみを引用するだけに留まっており，それ以上の言及を避けている[8]。また，アウグスティヌスは将軍と兵士を例にとり，「命ぜられないのに行われた行為は罰せられるのと同じ理由で，命ぜられたのに行わなければ罰せられる。もし将軍の命令に対してもそのようであるならば，創造主の命令であればなおさらであり，それゆえ，自殺してはならない，ときかされている人も，神が命ずる場合には自殺しなければならない。」とさえ断言している[9]。神の命令なら自殺しなければならない。この記述に対してもトマスは敢えて全く言及していない。そしてトマスは，その議論において自殺を「大罪（peccatum mortale）」[10]，「最大の犯罪（crimen maximum）」[11]，「最たる重罪（peccatum gravissimum）」[12]と数回言いかえ，断罪した。

こうして自殺は，トマスにおいて，全面的に「絶対的凶悪犯罪」という烙印を押されるに至ったのである。その後，百年戦争，宗教改革などを経て，イギリス初の自殺論が書かれるのはこの流れの上である。

第2節　最初の自殺論——ジョン・シム

17世紀初頭，イギリスで最初の[13]自殺論が著されることになる。ピューリタンの牧師であるジョン・シム（John Sym, 1581?-1637）による自殺論『自殺に対抗する生命の保存（Lifes Preservative against Self-killing）』（1637年）である。これまで全面的に自殺を主題とした著作が

---

8) 同上，174-175頁。
9) アウグスティヌス，前掲書，80頁。
10) トマス，前掲書，172頁。
11) 同上，174頁。
12) 同上，174頁。
13) Sprott, *The English Debate on sui-cide*, Open Court, 1961, p.30.

無い[14]，という前置きで始まるこのシムの自殺論は，基本的には自殺批判論でありながら，しかし激しい自殺非難ではなく，薬剤の正しい用い方や，どのようにしたら自殺へと導く悪魔に打ち勝つことが出来るか，などを含んでおり，どちらかと言えば全体的に人生の奨励と人への激励，というような風合いを帯びている。

　生命は魂（soul）と身体（body）の連結によって美徳を磨く精神（spirit）もしくは魂の行為であり，それを知ることによって人間は自然な生活（natural life）を送ることができる，としたうえで，シムは「生命の保存（Preservation of Life）」のために必要なことを挙げる。まず，神への祈り，そして必要な食物と衣服の節度ある快活な使用である。シムにあって，「快活（Cheerefulenesse）」は人生の最大の目的であり，以下の二点を基盤とする。一つは，良心の平和，神の愛への信頼である。二つ目は外的な嗜好と利益で，これらは神がわれわれに贈与してくれたものなのである[15]。また，生命の大敵である「死」の始まりともなる病気を防ぐ，または病気の回復を促すためには，季節に合った適切な医療の助けも必要であるとし，胃のためには水よりも少量のワインを良しとした聖パウロの言を引用している。薬剤は性急に使用せず，注意深く用い，能力と信仰心を兼ね備えた慈愛深い人間の指示のもとで用いることが肝要であるとする[16]。このようにイギリス初の体系的な自殺論たるシムの自殺論は，自殺批判を前提としたうえで，自殺や死に至らないための養生論＝生命保存技法の体裁を強く帯びるものとなっていた。

　シムは，自殺は悔悛の機会を喪失する行為であるという点において，他の犯罪と比べても，人間が犯しうる最も危険でかつ最悪の罪である，としている[17]。しかし，シムの自殺論の最大の特徴は，このように基本的には自殺に批判的でありながらも，「免責される自殺」，いわゆる「例外的自殺」について具体的かつ詳細に論じているところにあるといえる。シムは免責される自殺として以下の五つを挙げている。一，理解力と理性の欠落している者。たとえば，判断力を持たない子ども（a child

---

14)　John Sym, *Lifes Preservative against Self-Killing*, London, 1637, p.A2.
15)　*Ibid.*, pp.D3-4.
16)　*Ibid.*, p.D4.
17)　*Ibid.*, p.189.

without discretion），生来の阿呆（natural fool），白痴（ideot），狂気（mad）の取り憑いた狂人（mad man），睡眠中の場合，日射病のように譫妄や逆上を伴う病状にある場合，などである。これらの人たちは積極的・意志的に自殺をするのではなく，「モ・ラ・ル・的・に・判・断・ができない（cannot judge morally）」。よって，彼らの自殺は獣性の行為であり，知性からきたものではないため，この世でも，また天の法廷でも裁かれることはない[18]。二，自分の行為を自覚していない場合。故意にではなく，強い情念（passion）や他からの誘惑によって理性を抑圧されている場合。この場合は積極的（active）というより受動的（passive）であり，彼ら自身の自由な判断・意志ではない。これらは天の法廷で直接の自己殺害としてではなく，偶然的行為（chancemedly＝過失殺人）と判断される。三，合法的行為により不運で死んだ場合。火中や水中から他者を助けようとして不運に死んでしまった場合，この死は，神の摂理によりもたらされたことであり，本人が死を望んでいたわけではないので，これは自己殺害ではない。四，神の命によるもの。サムソンの場合のように，本人の意志ではなく神の意志によるもの。五，狂乱，逆上している場合。このとき，その人は知性の使用を誤り，モラルの本質（moral nature）を認知していない。この場合は，知性からではなく，その人の平静時とは反対に，野獣的な情念や，内面からの無分別な衝撃にとり憑かれている[19]。また，別の箇所でも，シムはこれらの免責されるケースについて反復し，自分を殺した者がすべて「自己殺害者」というわけではなく，よって非難される対象というわけでもない，と再度確認している[20]。

シムのこれらの「免責される自殺」についての論述は，まさにトマスによって回避されたアウグスティヌスの「例外的自殺」論を踏襲し，さ

18）トマス・ホッブズは，犯罪行為の完全なる免罪について以下のように述べる。「ある犯罪行為を全く免じ，そこから犯罪の性格を取り除きうるものがあるとすれば，それは同時に，その法についての義務を取り除きうるものにほかならない。このうえで，自然法に違反して完全な免罪の対象となるのは子どもと狂人（Children and Madmen）だけである」としている。(Thomas Hobbes, *Leviathan*, Cambridge University Press, 1996, pp.207-208.：ホッブズ「リヴァイアサン」『世界の名著23 ホッブズ』永井道雄訳，中央公論社，310頁。)

19）Sym, *op.cit.*, pp.172-174.

20）*Ibid.*, p.290.

らにそれをモラルや情念との関わりで展開・拡大させたものと言える。そしてそれは，ある一人の牧師によってさらに拡大され，意外な結果をもたらすことになった。──牧師の名は，ジョン・ダンである。

第3節　最初の自殺擁護論 ── ジョン・ダン『ビアタナトス』
　　　　　　　　　　　　　　「自己保存」としての自殺

　自殺は犯罪であるという認識が，社会において極めて常識的，かつ自明のこととされていたはずの17世紀前半，その「常識」を震撼させるかのような一冊の著書が出版される。最初の自殺擁護論者として先陣を切ったのは，英国国教会牧師ジョン・ダン（John Donne, 1573-1631）である。ダンは牧師であると同時に詩人でもあり，後にセントポール寺院の主席司祭として没した人物である。その著書は『ビアタナトス（Biathanatos）』[21]（1647年）と命名された。

　「私は，苦悩の渦中にあるときはいつでも，自分の牢獄の鍵は自分自身の手に持っていて，自分の剣以外に私の心を救ってくれるものはない，と思うのだ」[22]。

　このような前書きで始まる本著は，「自殺は決して例外なくただちに罪だというわけではない」，という逆説あるいは命題の宣言書。この行

---

21)　ビアタナトス Biathanatos は Biaiothanatos の同義語であると思われる。Biaiothanatos とは古代ギリシャ語で「暴力的な死（dying by violence）」を意味した。キリスト教以降に出現した語であり，戦争や喧嘩によるものなどすべての暴力的死全般を意味したが，いくつか異綴同義のものがあったという（Daube, op.cit., p.402.）。ダンは本文中でビアタナトスについて「自分自身を殺したとして悪意をもって Biothanatos と称せられる人たち」と表現し，神の命による自殺者はこれにはあたらないとする例を挙げている。（Donne, Biathanatos, p.103.）また，そもそもキリスト教以前には自殺の呼称は autocheir（自分自身で行う）であり，自殺は「特別な死」ではあったが殺人行為という感は有していなかった。（Daube, op.cit., p.403.）訳出にさいしては，拙稿「近世イングランドにおける初期自殺論の特性──ジョン・シムとジョン・ダンの場合」『東京大学大学院教育学研究科紀要』第42巻，2003年および拙稿「生命・自己・モラリティと教育──17・18世紀イギリス自殺論争史から」『研究室紀要』第30号，東京大学大学院教育学研究科教育学研究室，2004年を参照した。

22)　John Donne, Biathanatos, Associated University Press, 1984(1647), p.29.

為により侵害されると思われているすべての法の本質と範囲の入念な検証を含む。(A Declaration of that Paradoxe or Thesis, that selfe-homicide is not so naturally Sinne, that it may neuer be otherwise. Wherein The Nature, and the extent of all those Lawes, which seeme to be violated by this Act, are diligently Surueyd.)」という長い副題を持つ。ダン本人の強い希望により，その死後出版されたが，実際には1607から1608年の間に執筆は完了していたという[23]。歴代のすべての教父に加え，ヒポクラテス，セネカなどの医師や哲学者等を含む，実に総勢約170名もの人物の言葉が引用されている。当然のことながら，引用に次ぐ引用，そしてまた引用という形式で論が展開される。ダンの他の著作には，そのような傾向は殆ど見られない[24]。このことから，わたしたちは，当時，自分自身の言葉で自殺を擁護することが，いかに困難で勇気を必要とする行為であったかを容易に推察できるのである。

　副題中でも見られるように，ダンは自殺にSelf-homicideという語を使用しているが，これには理由があった。この語はダンによって初めて産み落とされた言葉なのである。これは，序章で論述したように，もともと殺人を意味するhomicideはmurderとは異なり，正統的殺人(justifiable homicide) あるいは理由ある殺人 (excusable homicide) などにも適用される[25]。この，ただちにその犯罪性を示すものではなかったhomicideとSelfを繋ぎ合わせた"Self-homicide"と"Self-murder"の使い分けについては，『ビアタナトス』中でダン本人により明示されている。

　「自分自身を殺した人間は自己殺害（felo de se）と称せられ，罪の責めを負うべきであろうとなかろうと彼は財産を没収される。それは王家の施物分配係（Almoner）の手に渡り，王に代わって敬虔な慈善に使用される。これは単なるHomicideではなく，Murderなの

---

23) *Ibid.*, p.ix.
24) たとえば，M. H. Abrams, ed, *The Norton Anthology of English Literature*, 6th edition, Norton & Co Inc, 1993, pp.584-616 またはジョン・ダン『対訳ジョン・ダン詩集』湯浅信之訳，岩波書店，1995年，などを参照。
25) 本書序章第1節参照のこと。

である。そこで申し立てられる理由というのは，王がその臣下を失い平和を乱されたことだけなのであるが，その理由でこれは悪の見本だということにされるのである」[26]。

だからこそダンは自殺を，悪の見本として使用される murder（殺人）とはせずに homicide を使用し Self-homicide としているのである。

古人の言の引用に次ぐ引用を散りばめ幻惑しつつ，ダンが最も主張しようと試みたことは，「すべての自殺が必ずしも罪であるというわけではない」，ということであった。たとえば，自殺は常に絶望から生じるゆえ罪だと見なされているが，すべての絶望が罪というわけではない。例として，懲治や断食によって身体を鍛錬しようと努力した者が，肉欲（Stimulum Carnis）が取り払われずに絶望し，この肉欲を消し去るために自殺した場合を挙げる。この絶望の「結果」は悪かもしれないが，その原因はダンによれば必ずしもそうではない[27]。

こうしてすべての自殺が必ずしも罪だというわけではないということを論証すべく，ダンは，自然法（The Law of Nature），理性の法（The Law of Reason），神の法（The Law of God）の三法から，自殺を検証する。まずは，これまでの伝統的批判論の根底を成していた自然法の理解に批判の矢を向ける。自然法に反しているとして非難されることがらは，そもそも自然法の理解自体に問題があるのである。ダンによれば，トマス・アクィナスなどの自然法の理解は内向的で保守的であると批判される。たとえば，かつて聖パウロは，短髪であるのが自然（Natural）であると語った。当時のギリシャではそれが慣習だったからだ。しかし，ローマではそれは失礼な行為だと見なされていた。このように，「自然」とは時代，人種によって変化するものである。にもかかわらず，これまで自殺は自然法に反するので罪だと見なされてきた。「自己保存（Selfe-preseruation）」が自然法の原理だ，という理由からだ。しかし，自然の基本は変化せずとも機能は変わるし，またそうでなければならない。どのような法も，不変の第一原理ではなく，それの基礎に理性を前提としており，その理性はすべてにおいて不変ではない。この意味で個

---

26) Donne, *Biathanatos*, p.72.
27) *Ibid.*, p.35.

人こそが「彼自身の帝王（Emperor of himselfe）」なのである[28]。

また、この一般的に自然法の基盤とされている「自己保存（Selfe-preseruation）」について、ダンは続けて論述していく。実は、この Self-preservation という言葉もダンによる造語なのである。それまで「自分を保存する（Preserve oneself）」という表現は存在していたが、これが初めてダンにより名詞化されたのである[29]。この名詞化された「自己保存」は、産みの親ダンにより、善への自然な情動と嗜好それ自体を体現するものとしてここに誕生した。そうであるならば、たとえば殉死の場合、身体は消滅しても、殉死への熱望こそが、自己保存なのである。自殺によって「自己」なるものが保存される。このように、善を信じ希求した自殺であれば自然法に反しているとは言えない、とダンは主張する[30]。ここでは、伝統的な自殺批判論が前提とした「自分を保存する」という観念は、その名詞化にともない、自殺を擁護する「自己保存」概念へと動員され直している。この「自己保存」はのちにホッブズによってその意味を変更、限定され、近代市民社会の基礎に据えられることになる[31]。そこでは自殺は自然法に反するものとして否定されることになる[32]。しかし、「自己保存」という語彙の生成においては、つまりダンにとっては、「自己保存」はむしろ自殺を擁護するものであり、たとえばシムのようにただちに「生命の保存」に置き換えられ得るものではもはやなかったのである。

理性の法に照らせば、ダンにあっては、死は神の判断であり、神が死を課するときに執行人を選ぶのだが、その執行人に自分自身が選ばれることもある。ここでダンは、自殺の全面的否定者トマス・アクィナスに対して果敢に批判を展開する。トマスは、自殺は正義（Iustice）と愛徳（Charity）に反しているとしている。というのも、自殺する者は、宇宙

---

28) *Ibid.*, p.47.
29) Daube, "The Linguistic of Suicide", pp.418-419.
30) Donne, *op.cit.*, p.48.
31) Thomas Hobbes, *Leviathan*, Cambridge University Press, 1996(1651), pp.91-103.
32) *Ibid.*, p.91, p.103. また、ホッブズの近代市民社会論が自殺行為の禁止のテーゼを基礎としていたことについては、寺﨑弘昭「小リヴァイアサンにおける父・母・子と〈教育〉――ホッブズ『リヴァイアサン』第20章を読む」『お茶の水女子大学人文科学紀要』第44巻、1991年、180頁も参照。

（Vniuerse）と社会の両方から，奉仕を義務とされている一人の人間，構成員を略奪したことになり，また，神の権利を侵害することになるからだというのである。しかしながら，まず前半の非難は，何も自殺者だけではなく，この世かまたは次の世の人生における自分自身の目的のためだけに，コモン・ウェルスに貢献することを辞めた人間すべてに対して向けられなければならないものである。社会における仕事を故意に怠れば，社会に対する助力を奪うということと同じことだからである。次に神の権利の侵害という論点に関しては，私が神の僕で，また代理人（Delegate），行政官になり，神に代わって自らこの世での生を終わらせるとしたら，それほどに神の栄光を崇める行為はない。われわれが自分自身の生命の主（Lords of our owne Life）ではないという理由で死ぬことができないのであれば，国家もわれわれの生命を奪うことはできないはずだ。また，通常はその資格を持たなくとも，神の代理人である場合は別であり，この場合の殺人は国家を侵害しないのである[33]。国家にとって，その人が本当に必要な場合は，その存在を自ら奪うことは多少は不正義であるかもしれないが，もはや概して役に立たなくなったときには，引退して修道生活に入るべきであろう。さらにダンは，殺人が正義に反していない場合，十戒にも反しておらず，よって罪ではない，と畳みかけていく[34]。アブラハムやサムソンのように，その人の良心において，そうすることによって，神のSpirit（Spirit of God）に導かれていると信じていた者に対して，これを罪だと責められようか[35]。もし神が命ずれば，悪といわれていることも善に変わるのである[36]。これはまさしくアウグスティヌスが認めた，神の命による「例外的自殺」論を踏襲するものである。

最後に神の法に照らして，ダンは以下のように議論を展開させていく。イエスは羊のために命を投げ出す牧羊犬は良い犬だと言っているが，われわれは皆神の子羊でありそれゆえ互いの番犬でもある。よっ

---

[33]　トマスは，「罪人を殺すことは，共同体全体の福祉において秩序づけられている場合においては善であり，公的権威を有する者がこれを実行することは神の権威において許される。」としていた。（トマス・アクィナス『神学大全』第18巻，161-166頁。）

[34]　Donne, *Biathanatos*, pp.84-85.

[35]　*Ibid*., p.103.

[36]　*Ibid*., p.104.

て，互いのために生命を投げ出す義務を負っている。最高の愛は，友人のために自分の命を捧げることだとされている。ここでわれわれは，イエスがわれわれにしてくれたことと同じようにすることを望まれているのだと思い出さなくてはならない[37]。イエスは強制されて死んだわけではなく，愛徳において死んだのである。人もそうするであろう，いや，そうすべきである[38]。ここにダンは，自殺の正当性の最も強力な裏付けとなり得るであろう根拠を提出したのである。すなわち，神の子であるイエスでさえ自殺したのだ，という。

　ダンにあっては，自殺という行為は，この世での人生を放棄することによる次の世での至福への熱望なのでもあった[39]。

　さて，ダン『ビアタナトス』が出版されてしばらく後，このダンの自己保存論を継承し，さらに強力に肯定する論が現れた。医師であり聖職者，かつ哲学者でもあるウォルター・チャールトン（Walter Charleton,1619-1707）による『エピクロスのモラル』（1655年）である。チャールトンはチャールズ一世の侍医であり，またトマス・ホッブズの友人でもあった[40]。エピクロスの信奉者であったチャールトンは，この著書において一般に不信心，大食家，贅沢三昧，不節制の権化と受けとられているエピクロスが，いかにその実禁欲的で誠実であり，もろもろの美徳の主であったかを証明したい，としている。その序文「エピクロスのための弁明」において，耐え難い苦痛の中では自殺は英雄的行為である，とするエピクロスの自殺観について触れるのである[41]。

　序章でみたように，suicide という語はこのチャールトンによる造語であるといわれている。それは1651年頃に，彼がラテン語で著したペトロニウスの逸話を再生したものの中で登場しているのだという[42]。これはダンによる造語 Self-homicide から発案されたのではないかと見られているのであるが[43]，この suicide の発明者はしかし，この『エピクロ

---

37) Ibid., p.128.
38) Ibid., p.133.
39) Ibid., p.145.
40) Dictionary of National Biography, Oxford University Press, 1995.
41) Walter Charleton, Epicurus's Morals, London, 1655, pp.A3-a.
42) Daube, "The Linguistic of Suicide", pp.421-422.
43) 本書序章参照のこと。

スのモラル』では，ダンに倣いSelfe-Homicideを使用しており，さらにこれまたダンの落とし子であるSelfe-Preservationという語も使用している。ここには自殺擁護論者ダン『ビアタナトス』における論を支持し，踏襲しようとする姿勢が示されているのである。

　チャールトンは，耐え難いあるいは避けられない災難の渦中における自殺を肯定するエピクロスの自殺観について，それはキリスト教徒としては神の法に反しているとして嫌悪すべきだが，単なる哲学者としては，一般にいわれるようにそれが自然法にそんなに激しく反していることなのかについて異論がある，という[44]。ここには聖職者と哲学者という二つの異なる立場の狭間で苦しむチャールトンの心的葛藤が正直に告白されている。チャールトンはまず自然法と自己保存について論じていく。自然法の教訓（precept）が，元来悪を避け善を追求するところにあるならば，人は耐えがたい消沈とすべての希望を失ったときには自分自身の生命を取り去ることによって，その途方もない悪から自分自身を解き放ち，心地よく静かな善を探求するものである，という。そして以下のように続ける。

　「われわれが自己保存（Selfe-Preservation）（これは一般にすべての人が自然法の基本と認めているところであるが）を善としての生への自然な愛着や生来の愛情にほかならないものであると解釈するとき，生が善であることを止め，悪へと堕落し，よく人に起こるように身体的に人を苦しめたり，心を非常に不満足にしたり，（その双方にさらに絶望的な苦悩が増加したり）希望と慰めのすべての星が暗い絶望の西のかなたに沈んだとき，なぜ同時にその法への義務も終わるべきではないのか？　いや，むしろなぜそのような場合，自己保存の法の全き完遂（absolute accomplishment of the Law of Self-Preservation）として自殺をしてはならないのか。われわれがこのような手段を用いるとき，それはわれわれの保存を最大の悪から救い導かんとする法の意に従って余儀なくさせられている，ということは明らかなことなのである」[45]。

44）Charleton, *Epicurus's Morals*, p.d1.
45）*Ibid*., pp.d2-d3.（傍点筆者，以下同様。）

すなわち，善の希求と悪の排除を自然法の中核概念とするならば，その基本であるはずの自己保存の法も当然それに従うはずのものである。人生が悪により占領されそうになれば，善を求め，悪を回避するこの自己保存法の基本的性向により，人は自らの生を放棄する。これは，たとえば殉死などの場合のように善を信じ希求した自殺であれば，自然法に反しているとは言えない，としたダンの論を踏襲するものではあるが，これを「自己保存の完成体としての自殺」としてさらに直接的かつ大胆に再生させたものである。

そのほか，チャールトンはストア派でも自殺が容認されていたことや，アウグスティヌスが『神の国』においてテオブロトゥスの自殺について，度量が大きかったためにことさらに死を選び，生の甘美な絆を断ち切ったのだ，とする言を引用し，自殺の合法性を続けて主張している[46]。このことから，「エピクロスのための弁明」と銘打たれたこの論文の主要な関心が実はどこにあったのかが推し計れるのである。ダンによって蒔かれた「自己保存としての自殺」論の種子は，このように静かにしかし確実に芽吹いていった。

第4節　ある文学者の死とその波紋 ──「私こそが私自身の王」
「愛の情念は美しい」

ダンの自殺論は，出版されて30年ほど後，文学者チャールズ・ブラウント（Charles Blount, 1654-1693）によって高い評価を得ることになる。ブラウントはその著書（1680年）の中で，『ビアタナトス』の内容を紹介し，これは全く弱点の無い議論で自殺の合法性を立証した素晴らしい書である，と絶賛した[47]。最後にこう結んでいる。

「屋根裏で首吊りをする人は（先のニューゲートの教区牧師がしたように），友人や親戚が周りですすり泣く中で，熱のためにベッドで死んでいく人に比べて，感じる苦痛や恐怖，悩みが少ないのだと，

---

46)　*Ibid.*, pp.d3-e.
47)　Charles Blount, *Philostratos*, London, 1680, pp.154-155.

私は強く確信している」[48]。

ブラウントはこの後,自らの命を断った[49]。
　ブラウントの文学仲間であったチャールズ・ギルドン（Charles Gildon, 1665-1724）は,この友人の死に衝撃を受け,彼を庇うためにペンを執ったと言われている[50]。ギルドンはブラウントの死後,ブラウントの遺稿集を出版する。そこでギルドンが著した序文「この著者の生と死について」において,ギルドンはブラウントの自殺を擁護したのである。1695年のことであった。これまでの研究では,ギルドンはさほど注目されておらず,その擁護論の主旨を簡潔に要約する程度に留められている。確かに,最初に自殺擁護論を著したのはジョン・ダンであった。しかし,ダンの自殺論,そして後述するヒュームの自殺論ともに本人たちの死後出版されたことに鑑みれば,ギルドンは,生者にして正面切って自殺を擁護した最初の人物であるといえる[51]。そして,彼の擁護論を機に自殺論争が激化し,イギリスにおける自殺思想が新たな局面を迎えるに至った[52]ことからも,注目に値する人物なのである。
　ギルドンは,「ブラウントの死について,その動機,あるいは行動を非難する人がいるが,私はその両方において,彼は正義であると思う。」と宣言する[53]。そして,まず最初に,ダンとチャールトンによって語られてきた自己保存論が登場するのである。ギルドンは自殺批判の第一の理由となっている自然法,自己保存の法則にはさまざまな限界や「例外」があると設定する。たとえば戦争時に,自己保存よりも公共善を優先して犠牲になった人々などが「例外」に相当する。人生はわれわれが判断し,欲することのできるすべての善なるものの母なのであり,自己保存の第一の原理は,人生において判断された善を基盤としているの

48）　Ibid., p.155.
49）　Sprott, The English Debate onsui-cide, p.71.
50）　MacDonald & Murphy, op.cit., p.150.
51）　ブラウントもダンの著書を絶賛し,自殺擁護の姿勢を見せてはいるが,それは250頁に及ぶ作品の中のわずか3頁程度の記述であり,20頁からなる論文のほぼ全体を自殺擁護に充てているギルドンと比較すると,控えめな記述である。
52）　Sprott, op.cit., p.73.
53）　Gildon, 'An Account of the Life and Death of the Author' Blount, The Miscellaneous Works, London,1695.（この論文は頁数無記載のため,頁数表記省略。以下同様。）

である。よって，ブラウントは，永続する悪の中で失望し，ただ自然と理性の教訓に従っただけなのである，という。これはまさに前述したチャールトンによって「自己保存の法の全き完遂としての自殺」と確認されたものである。さらにギルドンは，キケロの，歩哨は命令者の指示なしに持ち場を離れてはならない，という論をひき，以下のようにいう。

> 「キケロの比喩は何の証明にもなっていない。なぜなら，兵士は（少なくとも自由国においては）彼の同意（Consent）なしには持ち場を強制されないからである。……ところが，人は存在する前に，存在するか，あるいはしないかを選択する自由は無かったのである。そもそも人生（Life）とは，それが善をもたらすときにのみ適合するものであるから，それが悪しかもたらさなければ，これは拒絶されるべきなのである」[54]。

そしてこう続ける。

> 「人間は生来自由であり，自分自身の指揮者なのである。そのため，自分の好む居住地を選択する自由を有している。どのような政府に対しても，人は同意する，または拒絶する自由と権力を有しているのだ。ある特定の政治体制から離れるように，私にはこの世から私自身を取り去る権利があるのだ。この点において，すべての人は，アマンザー（Amanzor）がボーデリン（Boabdelin）に言ったように，「この私こそが私自身の王」（*I my self am King of Me.*）なのである。このように，自殺は犯罪とはほど遠いものなのである」[55]。

こうしてギルドンは，自己保存論に加え，人間による「同意（Consent）」と選択権，自分自身の所有権を主張したのだった。

次にギルドンは，「愛の情念（Love Passion）」について述べる。これ

---

54) Gildon, *op.cit.* この同意（Consent）論は，のちにディヴィッド・ヒュームに受け継がれる。
55) Gildon, *op.cit.*（イタリックは原著）

には必然的な理由があった。というのも，ブラウントの自殺の理由は，妻の死後，その妹に恋をし求婚したが拒絶されたためという，すなわち恋愛を原因としたものだったからである[56]。ギルドンは言う。

「愛の情念（Love Passion）を理性への反逆者だと罵る人はモラル的なもの（Morality）や正義（Justice）に欠けている。愚かなストア学派はただ，愛や自然の情念に従うぐらいなら，名誉心の奴隷になることを選択した。自然の叡智（Wisdom of Nature）は，身体（body），ましてや心（mind）のメカニズムに余分なものを与えない。それゆえ，情念は使用されるために与えられた。理性は情念を緩和し，方向づけるためにあるという者がいるが，私は，理性は情念の動機を判定する最初の指揮者であると思う。情念の動機は，愛と憎悪を両親に持っているのであるが，その動機のうち，愛は善に，憎悪は悪に適用されるのだ。そして情念たちは，拘束されずに，力を発揮できるように放置される。なぜなら，善はどんなに愛しても愛されすぎることはなく，悪はそれに値する以上に憎まれることはないからである」[57]。

ここでは人間の情念がその存在の善悪に関わらず肯定されている。すなわち，愛と憎悪という両親から生まれた情念はどんなに愛したり，あるいは憎もうとも，度を越して拡大されることはなく，それゆえ存分に力を発揮できるように放置されるべきものなのである。中でも特に愛の情念についてギルドンは言う。

「若い人の恋は一般的に善であり，美（BEAUTY）に基づいているのだ。それゆえ，互いに所有したり，あるいは猥褻や，媚態，売春の中で，美が失われるのがわかると消滅するのだ。成長した人間が愛の対象を注視するとき，第一の動機として美があるが，叡智，慎慮（Prudence），名誉，美徳，良い気質（good humour）などのいくつかの要素が混ざり合い，それを理性的で永続する基盤にしてい

---

56) MacDonald & Murphy, *op.cit.*, p.150.
57) Gildon, *op.cit.*（傍点筆者）

る。このような対象が確認されたとき，理性はそれが愛されるべき善であるということをもはや疑わない。そして理性は，その情念を弱めるかわりに，それを自分の制御を越えるまでに強めるのである。それゆえ，われわれはそのように恋する人は，叡智の恋人であり，その法則に従っている哲学者だということを知るのである。ブラウントはそのような人である」[58]。

この論述において，ギルドンは「美」という語を"BEAUTY"と，すべての箇所で，わざわざ大文字で著している。ここにギルドンの，愛の情念の「美麗性」を強調する姿勢が窺える。自殺を公然と容認してきたストア派[59]さえも，その俎上にのせられているのは，彼らが情念（Passion）を排し，情念に乱されない状態を賢者の理想として提唱していたからにほかならない[60]。ギルドンにあっては，情念とは制御される

---

58) Gildon, *op.cit.*（傍点筆者）

59) ストア派の著書には自殺を勧める文章が大変多いと言われる。たとえばセネカはその著書において，ソクラテスやカトーの死を称賛したり，自殺行為を推奨，賛美する論述を複数回繰り返している。（セネカ『怒りについて』茂手木元蔵訳，岩波書店，1980年，139-140頁または，「神慮について」セネカ同上，193-194,201,215,217頁，セネカ『わが死生観――人間，どう生きるか』草柳大蔵訳，三笠書房，1986年，96-97頁などを参照。）以下に自殺を勧めている文章の一例を引用しておく。
「われわれの言いたいことは，どんなに屈従的な状態にあっても，自由の道は開かれているということである。心は悲しんでいても，自分の欠陥ゆえに不幸であっても，自分自ら悲惨を断ち切ることができるのだ。……何を君は嘆くのか，愚かな者よ。……君はどちらを向いても，そこには災いを断つ方法があるのだ。あの険しい絶壁が見えるではないか。そこには自由へ下る道がある。あの海，あの河，あの泉も見えるではないか。自由はそこに底深く坐している。あの短い，萎れた，実も結ばない木が見えるではないか。その枝からも自由が垂れ下がっている。君の喉が，君の喉笛が，君の心臓が見えるではないか。それらは屈辱からの逃げ口である。
……自由への道は何かと君はたずねるのか。君の体内を走るどの血管もそれである」。（セネカ『怒りについて』139-140頁。）

60) この，情念に乱されない理想の状態はアパテイア（apatheia）と呼ばれた。これは無感覚，無感動を意味するのではない。ストア派は身体の変調が共感作用によって魂に影響を及ぼすことを認めたうえで，その魂の痛みに「悪」という判断を下さないこと。すなわち，悪はわれわれの意見の中にしかない以上，いかなる出来事も真の意味での悪，理性に合致した悲嘆の原因とはなりえない，とした。こうして賢者は決して悲しみ，不安，絶望さらには憐れみの感情にさえ動かされない。（塩川徹也「17・18世紀までの身心関係論」『新岩波講座哲学』第9巻，岩波書店，1986年，49-52頁参照。）また，セネカは心が平静であるとは次のような状態であるとしている。「心が常に平坦で順調な道を進み，おのれ自身に親しみ，おのれの状態を喜んで眺め，しかもこの喜悦を中断することなく，常に静かな状態に留まり，

べきものではなく，むしろ奔放に放置されるべきものなのである。なかんずく愛の情念については最も美しい善として強化されるべきものである。ギルドンは断言する。

　　「情念の女王（the Queen of the passions）である愛こそは，侮蔑さ
　　るべきどころか，自殺の高貴な動機であることは間違いないのであ
　　る」[61]。

　ここまできて，最初の自殺擁護論者，ダンを想起してみよう。引用につぐ引用，古人の言を繋ぎ合わせ，非常に物々しい論調で自殺の正当性を証明しようと試みていた『ビアタナトス』に比べ，ギルドンがいかに奔放に，人間存在やその自由性，所有権について語っているかに気づかされる。『ビアタナトス』が執筆されてから90年，約1世紀経過していたこの頃は，序章で見たように，自殺者の検視判定で「自己殺害（felo de se）」（＝大罪）とされるケースが減少し始めた時期であった。この判決結果と照らし合わせてみるとき，ダンとギルドンの論調の相違は，ギルドンの個性や時代における文体の変化のみでなく，社会における自殺に対する感性の微妙な変化にも由来し，時代の自殺把握の変遷を如実に物語っているものであるとも言えよう。
　実はギルドンは1694年に，彼の文学作品集の中で，自殺に共感する詩 The Complaint を発表していた。その一部を引用する。

　　なぜ生きているのだろう？　限りのない悲しみを抱えて。
　　友好的な「死」が，門を広げてくれているのに。
　　もっと幸せな世界へといざなってくれるのだろうか？
　　生きてなんかいない方が

決しておのれを高めも低めもしない，ということである」。（セネカ「心の平静について」『人生の短さについて』茂手木元蔵訳，岩波書店，1980年，69頁。）セネカは，ストア派と他の学派には大差があり，それはストア派が「自律的」，他は「他律的」であることと表現した。その在り様として，前述したように，賢人（であるストア派）は侮辱，中傷などを「受けない」，のではなく，それらに「動じない」ばかりかそれらを糧とさえするというような態度が示されている。（セネカ，前掲書，189-230頁。）
　61）　Gildon, *op.cit*.（傍点筆者）

人生の苦しみを知るよりましだからさ。
……（中略）……
今の私の苦しみを和らげようか？
病気を治療するのではなくて。
確かで永遠に続く快い「死」の救済で[62]。

　ダン，チャールトンらの論点にさらに「美しき人間情念の肯定」いう擁護点を附加したかたちで，ギルドンの擁護論は繰り広げられた。
　こうして一人の文学者の死を契機として，自殺，ひいては生をめぐる議論へと繋がる導火線に火がつけられたのである。

第5節　ヒュームによる自殺論

　ギルドンの後，総括的な自殺擁護論[63]を著したのは，あの有名な哲学者デイヴィッド・ヒュームであった。
　「哲学から生じる一つの顕著な利益は，迷信や誤った宗教に与える最高の解毒剤であることに存している」[64]。このような書き出しで始まる自殺論で，ヒュームは，人が死を恐れるゆえの恐怖心と，迷信の脅迫とにより生じる臆病心（＝非人間的な暴君）により，人がその生命に対する一切の力を完全に奪われているとして[65]，ヒュームは次のように宣言する。

　　「自殺に反対する一般的な議論をすべて検証し，また，すべての古代哲学者たちの見解によれば，この行為はいかなる罪の汚名や非難

　62）　Charles Gildon, *Miscellaneous Letters and Essays on Several Subject*, London, 1694, pp.296-297.
　63）　David Hume, "Ofsui-cide", *Dialogues Concerning Natural Religion*, Hackett Publishing Company, 1986(1783)；斎藤繁雄他訳『奇蹟論・迷信論・自殺論』法政大学出版局，1993年。（以下，斎藤訳，と略記。）なお，訳出にさいしては，基本的には斎藤訳を参照したが，適宜修正してある。
　64）　Hume, *op.cit.*, p.97：斎藤訳，68頁。
　65）　*Ibid.*, p.97：斎藤訳，70頁。

をも逃れ得るということを示すことによって，人々をその生来の自由（native liberty）へと復帰させることを切望することにしよう」[66]。

ヒュームは，まず，自殺が犯罪であるとすれば，それは神か隣人もしくは自分自身に対しての義務の違反でなくてはならない[67]，と最初に命題を設定する。ここで想起されるのは，前述したトマス・アクィナスの自殺論である。トマスは自殺を三重の（反逆）罪であるとしていた。まず，自らの存在の保存という自然本性的な傾向性と自分自身への愛に対して。次に，自分の属している共同体に対して。最後に，生と死の全権能を有する神に対して[68]。ここで，ヒュームの論駁の試みが，ヒューム自身は明示していないが，このトマスの論を念頭に置いていたことは明白である。

まず，神性についてヒュームは言う。

「万能の創造者は，物質界を統御するために一般的で不可変な諸法則を確立した。この法則によって，最大の惑星から最小の物質分子に至るまで，あらゆる物体はそれら独自の領域と機能の中に維持されている。生物界を統御するために，創造者は全ての生物に身体的および心的諸能力を付与した。つまり諸感覚，諸情念，諸欲求，記憶および判断を付した。そしてそれらによって，生物はそれらが運命づけられている生存過程の中で，推進ないし統御されるのだ。神性の領分は，何らかの作用の中に直接に出現するものではなく，時間の開始以来確立されている一般的で不変な諸法則によって一切の事物を統御するのである」[69]。

万物は，その創造者の確立した法則により統御されており，人間の諸能力を含め，すべての行動は，この全能神によって支配されているというのである。続けてヒュームは，神が宇宙を統御している一般的諸法則

---

66) Ibid., p.98：斎藤訳，70 頁。
67) Ibid., p.98：斎藤訳，70 頁。
68) 本書第 2 章第 1 節参照のこと。
69) Ibid., pp.98-99：斎藤訳，71 頁。

から逸脱したいかなる出来事も存在しない,と主張する[70]。

「誰でも,重要人物は,自分自身の生命を自由に処理していたのではないだろうか。(中略) 人間の生命が非常に重要なので,それを自由に処理することは,人間の思慮の僭越さでもあるというのであろうか」[71]。人間の生命も他のすべての動物の生命と同様,物質と運動の一般法則に服している。それゆえ,自らの生命の破壊も神が当初確立した法則に含まれている。もしもそのような意図的行為が神の意志に反しているというならば,仮に,自分の頭上に落石があり,それを敢えて避けて自分の生命を維持することも神の意志に反していることになる,というのである。その場合,

> 「私の頭上に落ちてくる石を取り払ったとしたら,私は自然の経過を乱すこととなり,物質と運動の一般的諸法則によって,神が私に割り当てた期間を超えて,私は私の生命を延長させることになり,万能神の特別な領域を侵すことになるからである」[72]。

それゆえヒュームは,自分に何らかの災いがもたらされたとき,それを避けるために自分が与えられている力に対しても神に感謝する,とする。自分自身の刀剣に身を投げるとき,それはライオン,絶壁,あるいは高熱に由来すると同様に,神の手から死を受け取るのである。すべては神が当初確立した法則に含まれている。落石を避けたり,ライオンや高熱から身を守ることと同様に,人生が悪に転ずれば,そこから避難するための自殺もまた,元々その法則に組み込まれているものなのである。これはまさに,自然法の本質が,人生が悪に陥ったとき,その悪を回避するところにあるという,ダンやチャールトンらによる「自己保存」把握を想起させるものである。

また,ヒュームは,どのような規則はずれの行為によってであれ,創造者の摂理の計画を侵害したり,宇宙の秩序を乱したりできるような人

---

70) *Ibid.*, pp.99:斎藤訳, 72頁。
71) *Ibid.*, p.100:斎藤訳, 74頁。
72) *Ibid.*, pp.100-101:斎藤訳, 74頁。

は存在しない，という[73]。

「私自身が私の誕生を諸原因の長い連鎖に負っていると考えており，しかもその多くは，人間の意図的行為に依存している。しかし摂理はこれらすべての原因を指揮しており，摂理の同意と協力なしには，何物も宇宙には生じないのである。よって，私の死も，いかに意図的とはいえ，摂理の同意なしには起こらないことになる。そして，苦痛とか悲しみが私の忍耐力を打倒して，その結果私が人生に疲れてしまったような場合でも，私は最も明瞭で正確な用語をもって，私の部署から召還されたと結論してよいのである」[74]。

　一見人間の意図的行為のように思われる人間の誕生も，摂理によって支配されている。これと同じく，一見人間の意図的にみえる死も，じっさいには摂理の同意なしには起こり得ない。すべては神が最初に確立した法則によるもので，自殺をしても，それはその法則に基づく召喚なのである。一切の動物は物質と運動の一般法則に服している。人間の生命が，この法則に永久に依存しているのだとすれば，「人間が自分自身の生命を処理することは，犯罪的であろうか？」[75]とヒュームは大胆に直言する。「すべての動物は，この世における彼らの行動に関して彼ら自身の思慮と熟練にたよらされており，彼らの力のおよぶかぎりにおいて，自然の一切の諸作用を変更する全権を所持している。この全権の行使なくしては，彼らは一瞬も存続できないだろう」[76]。すべての生命体の一挙手一投足が，神の作用によるものであり，物質と運動の一般法則に組み込まれているというのだ。人間，動物が呼吸をし，歩き，食べたり，寝ることなどのすべてである。ヒュームはこのことを次のように表現している。「……人間の諸能力も，運動や重力の諸法則におとらず神の作品である。諸情念が働くとき，判断が宣言するとき，四肢が従う

---
　73)　Ibid., pp.101-102：斎藤訳，76頁。
　74)　Ibid., pp.102-104：斎藤訳，77-78頁。(下線部，ヒュームによるイタリック。傍点筆者。)
　75)　Ibid., p.100：斎藤訳，73頁。
　76)　Ibid., p.100：斎藤訳，73頁。

とき，これらすべては神の作用であり，これらの生命的諸原理のうえにも，非生命的諸原理の上にも，同じように神は宇宙の統御を樹立したのである」[77]。

こう述べたうえで，さらに以下のように続ける。

「ある創造された存在物が，世界の秩序を乱すとか，摂理の仕事を侵害するなどということがあり得ると想定するのは，一種の瀆神ではなかろうか。このような考え方は，問題の存在物が，その創造者から受け取ったのではない力や能力を持つということ，つまり創造者の統御と権威に服していない力や能力を所有していることを想定している」[78]。

すなわち，人間の行為は神の支配を超えることはなく，そのため，その行為が宇宙の秩序を乱すなどと考えるのは，神への冒瀆であり人間の思い上がりだというのである。あらゆる人間の自由意志を貫き越えて万能神の法則は貫徹しているのである。自殺という行為も，その例に漏れない。これは，後述するように，人間の生命は神が支配し，人間はただその生命を使用できるだけで，勝手に終わらせることはできない。自殺をすることは神の命に反している，とする自殺批判論者の牧師たちにとって痛烈な皮肉・嫌味に響いたに違いない。

こうして，自殺が神への義務の違反ではないということを論証したヒュームは，次に，自殺はわれわれの隣人，あるいは社会に対する義務の破棄であるかどうか，について検証する。ヒュームは，社会において善行を行うというわれわれの一切の債務は，ある相互的なものを含んでいる，という。すなわち，自分が社会の恩恵を受けるが故に，社会の利益を増進する義務がある。よって，社会から完全に身を引くときには，それ以上拘束されることはない，というのである。社会から隠遁するということは，社会に害を与えるのではなく，単に善事を行うことを止めたにすぎない。また，善事を行うという債務が仮に永遠のものだとしても，自分自身に大きな害を加えるという負担を払ってまで，社会に対し

---

77) *Ibid.*, p.99：斎藤訳，72頁。
78) *Ibid.*, p.103：斎藤訳，78頁。

第 1 章　自殺擁護論の系譜　　　　　　　　　　　　　　　　45

て小さい善事を行わなければならない債務は負わされていない，としている。そして，もし自分の生存が他人にとって妨げとなり，社会に対して有益であることを阻止しているとしたら，自分の人生放棄は単に無罪であるばかりでなく，称賛に値するに違いない，という[79]。これは前述したジョン・ダンの「社会にとって，もはや有益でなくなったときには，引退し，修道院生活に入るべきである。」という論を踏襲し，拡大したものである[80]。公共的利益のために，陰謀に荷担した人が逮捕され，拷問で脅され，結局自分の弱さから秘密を漏らしてしまう可能性があると悟った場合などは，惨めな生き方にすばやく決着をつけた方が，公共の利益をよく考えたことになるのではないか，とする。同じように死刑の宣告をされた悪人が，処刑を前に自殺する例を挙げる。その自発的な死は，社会から有害な一成員を奪う事により，同じく社会にとって有益なのである[81]。これらはトマスが，共同体全体の共通善においてのみ人（罪人）を殺害することが許される，とした論を逆手にとったヒュームの反駁であるといえる。

　最後に，自分自身に対する義務について，ヒュームは，自殺は，利害関係やわれわれが自分自身に負っている義務と両立し得る，と結論する。そしてそれは，年齢，病気，または不幸が，人生を一つの重荷と化し，人生を破滅そのもの以上に悪いものと化すことがあり得ると認める人にとっては当然である。また，人生が維持に値する限りにおいては，誰もそれを放棄した人はいない。本来，われわれの死に対する本性的恐怖は大変大きいので，小さな動機からわれわれが死と手を握ることは決してないためである。最後にヒュームはこう結んでいる。

　「もし自殺が犯罪であると想定すれば，われわれを自殺へと駆り立てる可能性のあるのは臆病だけである。もし犯罪でないとすれば，存在が負担となるや否や，思慮と勇気の二つは，われわれ自身（ourselves）をそこから解き放つだろう。これがわれわれが唯一，社会にとって，有益となり得る方法である。すなわち，（もし

---

79)　*Ibid.*, pp.103-104：斎藤訳，80 頁。
80)　本書第Ⅰ部第 2 章第 3 節参照のこと。
81)　Hume, *op.cit.*, p.103：斎藤訳，80 頁。

真似されるようなことがあればであるが,）生における幸せの機会を保存（preserve）し，すべての危険と悲惨から効果的に人を解放するであろうような（free him from all danger or misery）模範を示すことによって」[82]。

思慮と勇気によって危険や悲惨から自分自身を解放し，幸福の機会を保存する。トマスの自殺断罪論を喝破したヒュームの自殺論には，ダンやチャールトンらによって提唱された「自己保存としての自殺」と共通するある種の生命観がその基層を流れていた。

第6節　ヒュームの道徳論・教育論

以上，ヒュームによる自殺論を検討してきた。詳細は後述するが，この後，自殺批判論者たちによる主要な論点の一つとして，モラルや教育が重要な位置を占めるようになる。果たして，ヒュームはどのような道徳観・教育観を持っていたのだろうか。『人性論』[83]の訳者, 大槻春彦もその訳註で，「ヒュームにおいて，「教育」は人為的なものではいつも重要な役割をつとめている。」[84]としており，ヒュームは教育を重視していたと考えられる。

そこで本節では，これまで焦点を合わせた十分な検討がなされてこなかったと考えられるヒュームの教育論を検討し，自殺擁護論者として，ヒュームがどのようなモラル観・教育観を持っていたのかを抉出したい。

ヒュームは，本書において「徳」を「自然的徳」と「人為的徳」とに分けて論じているのだが，そこでは人為的徳と「教育」との関係も論じ

82）　*Ibid.*, p.104：斎藤訳, 81 頁。

83）　D. Hume, *A Treatise of Human Nature*, ed. by David Fate Norton & Mary J. Norton, Oxford University Press, 2000 (1739-1740)（以下 THN と略記）：ヒューム『人性論（一）～（四）』大槻春彦訳, 岩波書店, 1948～1952 年, 以下, 大槻訳と略記。訳出にさいしては大槻訳を参照したが, 適宜, 修正した。

84）　ヒューム『人性論（四）』287 頁, 訳注 9, 訳者解説参照。

られる[85]。

(1) 道徳と理性・自己愛

ヒュームによれば，道徳的区別は「理性（reason）」からではなく，「道徳感（moral sense）」から派生するとされている。われわれが一般に「道徳」と呼んでいるものは，いわゆる「感じ（feel）」によって判断されるという。

道徳感とは，道徳的善悪の区別に伴う内的な感じ，またはこのような感じを産む心的機能である。

「理性は情念の奴隷である」という有名な一節がある。その言に至るまでに，ヒュームは理性主義を批判し，次のように論述していく。「情念と理性の闘争について語ること，そして理性の方を選び，人間は理性の指示に従う限りにおいてのみ有徳であると主張すること，これほど哲学や日常生活においてさえ，よく見受けられることはない。この主張によれば，すべての理性的な生き物は，その行動を理性によって統制することを義務づけられる。もし他の動機や原理が彼の行動を方向づけようとしたなら，彼は，それを完全に服従させるまで，または少なくともその特別な原理に準拠させるまで，抵抗しなくてはならない。古代および近代の大部分の道徳哲学は，この考え方を根底とするように思える。（中略）が，私はこれらすべての哲学の虚偽を明示するため，第一に，理性は単独ではいかなる意志行動の動機でも決してありえないことを証明し，第二に，意志の規制において決して情念に対立しえないということを証明するようにつとめる」[86]。これらは，当時の代表的理性主義者であるウォラストンやクラークに対する批判だというのが一般的な見方のようだ[87]。しかし，これは後述する自殺論争の敵方である自殺批判論

---

85) ヒュームにおいて，印象と観念の区別に関して，情念は印象であり，その生じ方は，快・苦から起こる直接的情念とそうではない間接的情念に分類されているが，この分類の内容の整合性についてなどの議論には本書では立ち入らない。
86) THN, p.265-266：大槻訳『人性論（三）』201-202 頁。
87) たとえば土岐邦夫「ヒュームの道徳論―1」『岡山大学文学部学術紀要』2 号，1981 年，8-10 頁，杖下隆英『ヒューム』勁草書房，1982 年，130-138 頁。なお，土岐は，自然法に基づく自然法の内容全体をしばしば所有という名称で包括するロックに対し，ヒュームが正義を人為的徳とし，実定法の根拠を理性の法すなわち自然法におく学説を退けた点で，ヒュームにとって，道徳論においてはロックもまた批判の対象だったとしている。（土岐，前

者の牧師たち，いわゆるモラリストたちの議論とも真っ向から対立している。彼らもまた理性主義者たちであり，理性による情念の統制の必要性，自殺防止を強く望んでいたからである。「自殺論」を著したヒュームが，ダン以来の自殺論争も鑑みて，この道徳論を展開したと考えるのは自然であろう。このためにも，反理性主義者としてヒュームは自殺批判論者たちに攻撃の的にされ，彼らのヒュームに対する嫌悪を倍増させたのではないかと考えられる。後に見るように牧師たちの議論において，ヒュームに対する感情的な激しい憎悪が噴出している。

ヒュームによれば，衝撃は理性から生じるのではなく，ただ理性によって指示（direct）されるだけだ，という。まず，快か苦かの予想によって，ある事物に対する嫌悪や傾向が生じる。この感情は，理性や経験の指示により諸事物の原因および結果へと広がる。しかし，もし原因および結果が，自分自身に関係しないものであった場合，何が原因で何が結果かを知ることについてその人は少しも関心がない。事物自身が自分の心を感動させないときには，事物の結合も事物に何の影響も与えることができない[88]。

　「単純なことだが，理性はその結合を発見するだけである。従って，事物がわれわれを感動させることができるのは，理性によってでは不可能なのだ」[89]。

「このように理性のみでは，いかなる行動を産むことも，意欲を生じさせることも決してできない」。ヒュームは続ける。「意欲を防止することも，あるいはいかなる情念，情感（emotion）を選ぶべきかを論議することも同様に不可能なのだ」。ヒュームによれば，理性は，情念に反対方向への衝撃を与えて意欲を防止するのでないかぎり，意欲防止はできず，この衝撃は，もし単独に作用したとすれば，正に意欲を産みえたのであり，もし仮にこの衝撃が理性から起こるとすれば，理性は意志に対する原生的な影響力を持っていなければならず，意欲の働きを惹き起

掲論文，10頁。）
88) *THN*, p.266：大槻訳『人性論（三）』203-204頁。
89) *THN*, p.266：大槻訳『人性論（三）』203頁。（傍点筆者。）

こすことも防止することも共にできなければならない。しかし，理性がもしそのような原生的影響力を持たないとすれば，理性はそうした効力を持つ原理に抵抗することはできない。従って，理性は意志を阻止することもできないのだ[90]。

> 「情念と対立する原理は理性と同じであることはできなく，これを理性と呼べば，それはただ不適切な意味においてなのである。われわれが情念と理性の闘争について語るとき，厳格で哲学的に語っているのではない。理性は情念の奴隷であり，かつ奴隷であるべきである。そして情念に仕え，服従する以上の何らかの役割を求めることは決してできないのである」[91]。

理性は情念に対し，意志決定のさい，ある方向づけはできたとしても，決して根源的動機にはなり得ず，情念全般に対峙する力を持たない。理性は情念の奴隷であり，またそうであるべきだ，というこの主張は，ヒューム自身にも理性主義者らの批判に曝されようことは容易に想像できた。そのため，次のように続ける。「このような議論は，いくらか異常（extraordinary）に見えるかもしれない。そこでこれを他の考察によって確認することは不適切ではないだろう。（改行）情念は根源的な存在である。あるいはそうよびたければ，存在を緩和するものである……」[92] ヒュームは以下のように論を展開している。真理や理性に反対できるものは，真理と理性に関連のあるもののみであり，関連を有するものは，ただ知性の判断のみである。そこで情念は，これに判断または意見が同伴する限りにおいてのみ，理性に反対することができる道理になる。そして，この原理に従えば，情念が理性に反するといえるのは，以下の二つだとする。一つ目は，希望や恐怖，悲哀や喜び，絶望，安心等の情念の根底が，実際には存在しない事物の仮定になる場合。二つ目は，ある行動において情念を働かせる場合，われわれが想定した結果に対して不十分な準備をして，原因と結果の判断においてわれわれ自身を

---

90) *THN*, p.266：大槻訳『人性論（三）』204-205頁。
91) *THN*, p.266：大槻訳『人性論（三）』205頁。
92) *THN*, p.266：大槻訳『人性論（三）』205頁。（傍点筆者。）

欺く場合，である。このどちらでもないとき，知性はそれを正とすることも非とすることも共に不可能である，として，その，「どちらでもない」例として以下に極端とも捉えられる例を挙げる。

「私の指1本を掻くことより全世界の破滅を選んだとしても，理性に反するものではない。私が，インド人や全く見知らぬ人の些細な不快を防ぐために，私自身の全的破滅を選んだとしても理性に反していない」[93]。

その他，いくつかの例を挙げた後，こう結論する。

「要するに，情念が理性に反する場合には，誤った判断が伴わなければならない。そしてそのときですら，正確に言えば，理性に反しているのは情念ではなく判断なのだ」[94]。

以上の説明により，ヒュームは，先述の二つの条件（誤った仮定を根底とするとき，計画した目的に不十分な手段を選ぶとき）を満たさない限り，いかなる意義においても情念が理性に反すると呼ばれることは決してできない，と結論する。この意味で，両者が対立したり，意志や行動の支配について闘争することは決してできない，というのだ[95]。

理性は情念の奴隷であるし，またそうあるべきである——情念は根源的な存在であり，理性はそれに対抗できない。理性はあくまで事物等の結合を発見するだけなのであり，理性の原生的影響力も所持しない。従って情念が「理性に反する」と呼ばれることもなく，あるとしても特定のあり得ないような条件の下でだけである。この考えが異常ではない，ということを証明するために，ヒュームは大変極端ともいえる例をあげた。先述の全世界破滅とインド人の話である。こうしてヒュームは，理性と情念が対立し得ない存在だと力説したのだった。

---

93) *THN*, p.267：大槻訳『人性論（三）』206頁。
94) *THN*, p.267：大槻訳『人性論（三）』206-207頁。
95) この二つの条件を満たす場合には，情念は理性に屈する，とある。(*THN*, p.267：大槻訳『人性論（三）』207頁。)

第 1 章　自殺擁護論の系譜　　　　　　　　　　　　　　　　51

　続けて，ヒュームの理性と道徳との関係を見ていきたい。
　心に表れるものは，知覚（perceptions）以外にはいかなるものも断じて存在しない。見る，聞く，判断する，愛する，憎む，考える，といったすべての行動は，知覚の傘下に入るのである。そして知覚は印象と観念とに分けられる[96]。こう定義した上で，ヒュームは以下のように言う。

　　「道徳は行動や情念に影響を及ぼす。よって，道徳は理性から生じることはできない。なぜなら，理性のみでは，このような影響力は断じて持つことができないからである。道徳は情念を喚起し，行動を生んだり防止したりする。理性自身は，この点においてまったく無能である。それゆえ，道徳のいろいろな規則は理性の結論ではない」[97]。

　道徳は理性から生じるのではなく，「感じ」から起こり，理性とは無関係なのである[98]。
　ヒュームにおいて，道徳的区別をなす徳の感覚を持つとは，ある性格

───────────
　96)　THN, pp.293-294：大槻訳『人性論（四）』13 頁。
　97)　THN, p.294：大槻訳『人性論（四）』14 頁。
　98)　この点について，奥田太郎は，ヒュームの「理性は情念の奴隷であり，ただそれだけであるべきである」という奴隷メタファーの理論的妥当性の検証から理性と情念の関係を論じている。奥田は，「道徳的識別が情念のみに由来する」のではなく，道徳的識別を可能にする道徳感情という印象の成立に，理性と情念がそれぞれ固有の仕方で関わっているのではないか，と推測し，道徳的識別はいくつかの原理の複合的作用に由来するのであり，この複合作用においては理性の働きが必要であるため，この点では，ヒュームのいう理性が情念の奴隷であるという「奴隷メタファー」の妥当性（効力）に対し疑問を呈している。しかしながら，道徳的識別に基づく道徳的評価が行為の原因となる場合においては穏やかな情念が先導的であるというヒュームの主張においては，「奴隷メタファー」の効力は保持されている，とし，結局，「道徳論における〈奴隷メタファー〉の妥当性については，すぐにすっきりとした結論を出すことができない」と，ヒュームの理性と情念の関係性への問いは未だ開かれている，と結論づけている。（奥田太郎「理性は情念の奴隷か？　ヒューム『人間本性論』における奴隷メタファーの検討」『アカデミア　人文・社会科学編』85 号，南山大学，2007 年）また，杖下隆英は，「厳密な意味で理性が情念と相争い得ないのであれば，〈理性は情念の奴隷云々〉という宣言は不適切である」とし，理性の情念への隷属的奉仕があるならば密接な関わりを裏書きしているとも解釈できる，など，ヒュームの言う理性と情念の関係性について，この表現の妥当性も含めて疑問を呈しているが，（杖下，前掲書，142-143 頁。）本書ではこのようなヒュームの議論内の整合性は問わず，あくまでもヒュームの『人性論』に即してその見解を明らかにする。

の熟知からある特殊な種類の満足を感じることにほかならない。言い換えれば、われわれは、ある性格がわれわれを喜ばせるがゆえにその性格は有徳である、と推論するのではなく、その性格がある特殊な様式でわれわれを喜ばせることを感じ（feel）、この感じにおいて、その性格が有徳であると実際に感じる、というのである[99]。つまり、繰り返しになるが、あくまでもその事象について何らかの「感じ（feeling）」を受け、その「感じ」において満足を「感じる」ことなのである。情念を人間存在の根本と位置づける思想は、理性は情念を緩和したり方向づけたりはせず、情念は放置さるべきであるとしたギルドンと共通している。

　また、ヒュームによれば、徳は「自然的徳（natural virtue）」と「人為的徳（artificial virtue）」とに区別される[100]。自然的徳についてのヒュームの説明は全体的に不十分であることが指摘されてもいるが[101]、ここでは著書に従ってみていくこととする。自然的徳とは、「自然」に因るものである。

　「自然」の一つとして挙げられるのが、自己愛（Self-Love）である[102]。ヒュームによれば、人間は「自己自身を驚くほど偏愛するもので

---

99) *THN*, p.303：大槻訳『人性論（四）』32頁。

100) ヒュームの人為的徳論については、都築貴博「ヒュームの〈人為的徳〉論」、『哲学』日本哲学会、1998年をも参照。

101) たとえばマッキーは、共感概念などとの関連でヒュームの自然的徳についての議論が難解であることを指摘している。(Mackie, J. L., *Hume's Moral Theory*, Routledge, 1980, pp.120-129.) また、土岐も、ヒュームの人為的徳についての説明のうち、合理性や「正義」、「共感」の関係も含め、「ヒュームの議論の運びにかなりの強引さが見受けられる」、「ヒュームの議論には随処に誇張、不整合が見受けられ、読者を苦渋させる」などと論を結んでいる。（土岐邦夫「ヒュームの道徳論―1」『岡山大学文学部学術紀要』2号、1981年、および、同「ヒュームの道徳論―2」同4号、1983年）

102) ヒュームは「われわれが自己愛について語るとき、それは本来の意味においてではない。」(*THN*, p.214：大槻訳『人性論（三）』86頁。) としており、訳者大槻は、愛情は他我を対象とするため、ヒュームにおける Self-Love はホッブズのいうような自己愛本来の意味ではない、としている。（大槻訳『人性論（三）』275頁、訳者註参照。）しかしながら、本書でその「自己愛」論を取り上げるように、ヒュームは自己愛を全く否定したわけではない。それはヒュームの「本来自分自身への偏愛から産まれた自己愛」という言い方によっても見てとれる。それ以外にも、ヒュームが「緊密な関係」、「関係あるもの」への愛情について語るとき、まず第一に、そして複数回登場させるのが「血縁関係」であり、とりわけ親から子どもへの愛情、ということを考えれば、これも自己愛の肯定と考えられる。（たとえば、*THN*, p.219, 227-228：大槻訳『人性論（三）』96-97, 98, 117頁。）

ある」[103]。そのため,自分の自己愛と他人の自己愛とは相対することが多く,ここで所有権を保証する自然法が必要なのである[104]。そしてそれゆえ,この自己愛こそが,正義の動機となる。

「……人間相互をきわめて都合悪くさせる自己愛が,同じくまた,新たなかつ一層都合のよい方向を取ることにより正義の規則を産むのであり,従って,自己愛こそ正義の規則を遵守する最初の動機なのである」[105]。

後に見るように,正義は人為的徳とされているが,その最初の動機,根源は自然的徳である自己愛なのだ。社会において人間相互の対立を防ぎ(あるいは防ぐため),自然法を編み出し,正義の規則を遵守させる動機となるものが自己愛なのである。しかし,本来自分自身への偏愛から産まれた自己愛はその運動を制御されねばならない。そこで,ヒュームは,自己愛が自由にはたらくとき,われわれを正直な行動へ引きつけるのではなく,かえって一切の不正義と不法との源泉となるため,この嗜欲の自然的な運動を矯正し抑制しなければならない,とする[106]。正義の動機となる自己愛ではあるが,自由に働くときは,自分自身への偏愛から過剰になりがちであり,不正義,悪徳の源泉ともなる。そのため自己愛という情念はその運動を矯正,抑制されなければならない。

自己愛の延長上にあると考えられる親の子に対する愛情もまた自然的徳とされている。自然的情愛は「すべての親の義務」でもあり,それゆえ,父親が子どもを放置することがあれば,人々は彼を非難する,という。この自然的情愛が義務でなかったら,子どもを養うことも義務ではなく,子どもに注意を払うことも義務ではないのである[107]。

このような自然的徳の仲間として慈愛も数えられる。慈愛は「この上なく心優しき徳」だとされる。慈愛の行動は博愛の原理(humanity

---

103) *THN*, p.381:大槻訳『人性論(四)』217頁。
104) *THN*, p.339, p.381:大槻訳『人性論(四)』119, 217頁。
105) *THN*, p.348:大槻訳『人性論(四)』139頁。
106) *THN*, p.309:大槻訳『人性論(四)』49頁。
107) *THN*, pp.307-308:大槻訳『人性論(四)』46頁。

amiable）に由来しており，この博愛こそ価値があり褒賞に値する，という[108]。しかし，ヒュームによれば，一般的に，ただ単なる人類愛（love of mankind）としての人類愛というものは存在しない。他者の幸不幸への同情はすべて共感原理から生じる[109]。「われわれ自身の利害や友人の利害にかかわりのない社会的善は，ただ共感によってのみ喜びを与える。したがって，共感こそ，あらゆる人為的徳に対してわれわれが評価する源泉となる」[110]。そして続ける。「共感は人性の大変強力な原理であること，共感がわれわれの美意識に非常な影響を及ぼすこと，共感がすべての人為的徳におけるわれわれの道徳観を産むこと，これらの点は明らかである。（中略）共感という原理こそ，われわれを自分自身の外へ連れ出して，あたかもわれわれ自身の利益や損失の傾向があるかのときと同じように社会にとっての快不快をもたらす性質における喜びや不安をわれわれに与えるのである」[111]。最も称賛さるべき徳の慈愛・博愛行動は，共感原理から生じるが，このように見てくれば，共感原理がそもそも他者の幸不幸を我が身に置き換えて考える自己愛の原理から派生したものであるいうことができる。

(2) 人為的徳としての「正義」と「教育」

上述のような自然的徳に対し，人為的徳とは，「人類の諸事情ならびに必要から起こる人為または工夫によって快感と称賛とを産むもの」[112]である。その人為的徳としてヒュームが挙げるのが「正義（justice）」である。そしてその「正義」という人為的徳の形成に深く関わるものとして挙げられるのが「教育（education）」なのである。

ヒュームにおいて，正義はおもに所有権に関わるものとして考察される。ヒュームは正義が人為的徳であるという論を展開するにあたって，借金の例を挙げながら，正義を顧慮する義務感，責任感が訓育もしくは教育によって訓練されたものであることを提示する。借金返済の期限が

---

108) *THN*, p.308：大槻訳『人性論（四）』46頁。
109) *THN*, p.309：大槻訳『人性論（四）』50頁。
110) *THN*, p.369：大槻訳『人性論（四）』188頁。
111) *THN*, p.370：大槻訳『人性論（四）』190頁。
112) *THN*, p.307：大槻訳『人性論（四）』44頁。

第 1 章　自殺擁護論の系譜

到来したとき，返済する理由ないし動機について以下のように言う。

「……もし私にひとかけらの正直な心があれば，換言すると義務感ないし責務感があれば，私が正義を顧慮して姦悪と悪辣とを嫌悪することは，私〔をして金銭を返済する〕に充分な理由である。〔かように言うものがあるかもしれない。〕疑いもなくこの答は，文明状態にあって一定の訓育ないし教育（discipline and education）に従って訓練されたときの人間にとっては，正しく且つ申し分ない答であろう」[113]。

正義を顧慮する義務感や責任感は，訓育や教育によって訓練されたものであり，まだ教育や訓育によって訓練されていない自然的な状態では，前述の，教育によって訓練された者が導き出す答は，詭弁として却下されるのである[114]。

「こうした自然な状態にある者は直ちに訊ねるであろう。借金を返済して他人の資産に対して〔これを我がものとしないよう〕節欲することのうちに〔は正直ないし正義が〕見出される〔のであるが，〕この正直ないし正義は，一体どこに存するのか。外的行動のうちには間違いなく存しない。それゆえ，外的行動が起こる動機のうちに置かれなければならない。ところで，この動機は，行動が正直なことを顧慮することでは決して有り得ない。なぜなら，ある行動を正直な行動とするには，有徳な動機が必須であると言いながら，同時に，正直を顧慮することが行動の動機であると言うことは，〔論理的に〕平明な誤謬だからである。ただし，〔行動の徳性の顧慮より先に〕前もって行動が有徳であるのでなければ，行動の徳性を顧慮することは決してできない。行動は，有徳な動機から生じるかぎりにおいてのみ有徳であることができる。それゆえ，有徳な動機は徳性の顧慮に先行しなければならない。従って有徳な動機と徳性の顧

---

113) *THN*, p.309：大槻訳『人性論（四）』47–48 頁。（亀甲括弧内，訳者。）
114) *THN*, p.309：大槻訳『人性論（四）』48 頁。

慮とは同じものであることができない」[115]。

　ヒュームは，「正義や正直の行いの動機は，正直を顧慮することと別個に見出すことを必須とする」[116]という。そして，これを見出すことは非常に困難である。その理由の一つは，まずわれわれの私的な利益または名望への配慮があらゆる正直な行動の正当な動機である，とすれば，この配慮がなくなるときには正直も生まれる余地が有り得ない道理になる，というのである。そしてここに，前節で引用した，自愛の自然的な運動の矯正と抑制の必要性が述べられることになる。
　また，自殺批判論者は，その批判論の中で，自殺が及ぼす公共的害について論じていたが，ヒュームにあって公共的利害はどのようにとらえられているのだろうか。
　ヒュームは，もし，正直な行動の理由ないし動機が公共的利害の顧慮であり，不正義や不正直のさまざまな具体例はこの公共的利害に最も反したものである，というのであれば，それに対する答えとして，次のように述べる。すなわち公共的利害は，正義の諸規則の遵守に自然的に附属するものではなく，人々が正義の規則の確立を人為的に黙約した後，これに結合されるだけだ。
　つまり，公共的利害は，人為的に形成された正義に結合されるものなのである。
　また，前述したように，ヒュームは，個人的身分や職務やわれわれ自身との関係から独立な，単なる人類愛というような情念（passion）は人間の心には存しないと断言する。そのため他の生物の幸不幸が，ある程度までわれわれの心を動かすのは，「共感（sympathy）」から生じるのであって，普遍的情愛などからではないのである[117]。
　そしてヒュームは次のように結論する。正義と不正義の感は，自然から来るものではなく，人為的に，教育と人間の黙約（human

---

　115) *THN*, pp.308-309：大槻訳『人性論（四）』48 頁。（亀甲括弧内，訳者。）
　116) *THN*, p 309：大槻訳『人性論（四）』48 頁。
　117) 道徳判断をする際，その要となる共感を補正するものとして導入される「一般的観点」については，奥田太郎「ヒューム道徳哲学における〈一般的観点〉」，『倫理学研究』関西倫理学会，2002 年に詳しい。

conventions）とから，必然的に起こる[118]。このような人為によってひとたび承認されると，それらの規則の遵守における道徳性の感が自然にそれ自身に随伴する。この道徳性の感はまた，人為によっても拡大する。

(3) 人為的徳の形成にかかわるものとしての「教育」

このように，ヒュームにあって，教育は人間の黙約とともに，正義の感を生じさせるものとされるが，ここではヒュームの教育観についてもう少し詳しく考察していくことにする。

ヒュームにおいて，教育はおもに宗教や信念（belief），習慣（habit, custom）との関係で語られている。ヒュームは習慣の重要性を強調する。あらゆる信念と推論（reasoning）は，習慣から起こる心の働きである。幼年時代から物事について持ち慣れてきた所信（opinion）と思念（notion）は，非常に深く根を張っていて，理性と経験の全威力をもってしても，これを根絶することはできないほどである，という。そして，この習慣（habit）の影響力は，原因結果の連続的で不可分的結合から生じる連合に近づくのみでなく，多くの場合，これを克服しさえするのである。

ヒュームは次のような例を挙げている。たとえば，脚や腕を切断して失ってしまった人は，その後も長く，失った脚や腕を使って用を足そうと努力する。また，著名な人について一度も会ったことがないにもかかわらず，何度もその人の話を聞かされることによって，実際にその人に会ったような気になる。ヒュームはこれらは習慣が信念を生じさせているのだとする[119]。「これらの教育からの議論を適切に考慮すれば，これは最も一般的な現象であると確信できる」[120]。要するに，判断力となる「習慣」は教育によって形成されるのだ。ヒュームの「これらの教育からの議論」という表現から容易に推察できるように，少なくとも，ヒュームにあって，幼年時代からの習慣そのものが，言うまでもなく教育に起因するものなのである。ひいては，理性と経験の全威力をもってしても，これを根絶することはできないのだ。

---
118) *THN*, pp.310-311：大槻訳『人性論（四）』53頁．
119) *THN*, p.247：大槻訳『人性論（一）』188頁．
120) *THN*, p.80：大槻訳『人性論（一）』188-189頁．

人間社会の最初で根源的な原理は、両性間の自然的情愛である、とする。そこから自然的情愛で両性は結合され子どもが出来る。社会では、親は強さと知恵で子を支配するが、子どもたちに対する自然の情愛により権威の行使を抑制される。「間もなく、習慣や習癖が子どもたちの柔軟な心に作用して、社会から収得できる利益に気づかせる。それと共に、子どもたちの社会的連結を妨げる尖った角や不適当な情念を削ぎ落として、徐々に子どもたちを社会に合うように形成する」[121]。既述した過剰な自己愛も含め、情念の制御は、習慣により社会に適合するまでになされていく。

そして教育は、正義を尊重する心を形成する。「公衆の称賛や非難が、正義に対する尊重の情を増すと同様に、家庭教育（private education）ないし訓育（instruction）も同じ効果をもたらす」[122]。その順序として、ヒュームは次のように説明する。親たちは、人間が、より高い廉潔や名誉を与えられると、本人や他者にとってより有用であり、また、習慣と教育が知性と内省を手助けするとき、その原理はもっと力を持つ、と知っている。そのため、親たちは、子どもの最も早い幼少期から、子どもたちに廉潔の原理や、それによって社会が維持されている規則を遵守することは価値があり名誉なことであり、それを侵害することは不名誉なことであるということを繰り返し教えるのである[123]。こうして教え込まれて獲られた高潔の情操は、「子どもたちの柔軟な心に深く根を下して、そのような堅固さ、堅実さを獲得し、われわれの本性に最も本質的な心の内的組織に最も深く根付いている諸原理に殆ど負けなくなることができるのである」[124]。本章冒頭でヒュームの、「幼年時代から物事について持ち慣れてきた所信と思念は、非常に深く根を張っていて、理性と経験の全威力をもってしても、これを根絶することはできないほどである」という言を確認したが、ここでさらに、社会を形成する自己愛、そのつながりとしての人為的徳である正義と教育について——特に幼児期の教育についての重要性が再度確認されている。社会における規則の

---

121) *THN*, p.312：大槻訳『人性論（四）』57–58 頁。
122) *THN*, p.321：大槻訳『人性論（四）』78 頁。
123) *THN*, p.321：大槻訳『人性論（四）』78 頁。
124) *THN*, p.321：大槻訳『人性論（四）』78 頁。

遵守，正義への称賛の心持は，家庭教育において幼児期から開始されれば，子どもの柔軟な心に深く根差し，人性の最たる諸原理にさえ勝るものとなり得るのである。

　教育が黙約とならび，代表的な人為的徳である正義を形成することと両者の関係を見てきた。ヒュームは，教育との関わりで挙げられる人為的徳として「貞操」や「謙譲」といったものも挙げているが，次にこれらと教育との関わりを取り上げよう。

　ヒュームは貞操や謙譲というものも教育によってつくられるものであるとしている。これに伴い，男女両性の教育の差異は生殖原理によるものであるという。性交にさいし，生殖原理は男性から女性へ行く。錯誤は男性には起こっても女性には起こらない。男性は，子どもが真に自分の子であると信じて，子どもの保全と教育のために働く心に誘われる。そのため，女性には然るべき抑制を課さなくてはならない。そのためには，女性の不貞にある特異な程度の恥辱，それも単に不正義から起こる程度以上の恥辱を附さなければならない。またその一方で，貞操には称賛を与えなければならないのである[125]。女性には，不貞に対し，悪徳のほかに，気後れやおびえの感情を抱かせることで，女性に対する誘惑を防止する効果もあるというわけである。

　「女性の不貞に利害関係を有する者は，女性の不貞やそれに近づくことを自然に非難する。また，利害関係を持たない者は時流のままに従う。そして教育は，女性の幼児期におけるしなやかな心を占拠する」[126]。

　要するに，自分の子どものために働かなければならない男性は，それが真に自分の子である可能性を高めるためにも，女性に不貞行為防止の教育を施す必要があるのである。このように女性の徳は自然的なものではなく，社会的利害から起こる人為的徳であり，それをつくるのが教育なのだ。ヒュームは次のようにも断言する。

---

125)　*THN*, pp.364-365：大槻訳『人性論（四）』179 頁。
126)　*THN*, p.366：大槻訳『人性論（四）』181 頁。

「私は堅く信じるが，人類の間に蔓延るさまざまな所信を検討すれば，その半分以上は教育に起因することが見出されるだろう。そしてまた，私は堅く信じるが，このように暗黙裡に奉じられる原理は，抽象的推論ないし経験に起因する原理を圧倒するのである。虚言者が虚言を頻繁に反復してそのため遂に虚言を憶えるようになるのと同じく，判断，あるいはむしろ想像は，同じ手段によって観念を非常に強く想像に刻みつけ遺漏なく想うことができるのであり，そのため，この観念は，感覚や記憶や理性と同様に心に作用できるのである」[127]。

ヒュームによれば，人類間にある所信の半分以上が教育に起因している。それは推論や経験の原理を圧倒さえするものなのである。しかし，再度，教育は，自然的原因ではなく，人為的原因であると確認する。かつ教育の根本原則は理性に反しており，時と場所を異にすれば，互いに反対となる[128]。そう確認し，しかしながらこう続ける。「それでも教育は世上に広まっていて，新しく珍しいものを避けがちな原因となっている」[129]。ヒュームにあって，世上に広まっている教育こそは，暗黙裡に奉じられるその原理で，人類間に蔓延る所信の半分以上を作り出すものなのだ。別著においても，彼はこう述べている。

「人々の風習というのは，異なる時代，異なる国々において異なっているのではなかろうか。われわれはそのことから，人間の心を幼少時から型取り，そしてそれを固まった確立した性格へと形成していく，習慣と教育の偉大な力を学ぶ」[130]。

---

127) *THN*, pp.80-81：大槻訳『人性論（四）』189 頁。
128) *THN*, p.81：大槻訳『人性論（四）』189 頁。
129) *THN*, p.81：大槻訳『人性論（四）』190 頁。
130) ヒューム『人間知性研究』斎藤繁雄・一ノ瀬正樹訳，法政大学出版局，2004 年 76 頁。（傍点筆者。）

小　括

　以上，ヒュームの自殺論，道徳論，教育論を考察してきた。ヒュームにあって，自殺は自己保存となり得るものであり，自殺も含めたあらゆる現象は，人間の意志を貫き超えて万能神の法則を貫徹しているものなのであった。そのヒュームにおいては，道徳は「感じ」であり，理性から生じるものではない。理性は情念の奴隷であり，情念に奉仕するものとされた。また，両親による幼児期の教育，習慣づけの持つ重要性も強調されていた。自然的徳である自愛は，過剰になれば不正義と不法の源泉ともなり得ることから，制御の必要性があるものの，親子の愛もこの原理に基づいている。この自己愛は自然的徳として共感原理を産むものであり，最高の徳である慈愛へとも繋がるものである。公共的利害は，あくまでも人為的に形成された正義に結合されるものであり，個人的身分や職務やわれわれ自身との関係から独立な，単なる人類愛としての人類愛というような情念は人間の心には存しない。他の生物の幸不幸が，ある程度までわれわれの心を動かすのは，「共感」から生じるのであって，普遍的情愛からではないということ。また，教育は，正義などの人為的徳を作り出す主要な原理であり，人間の所信の半分以上が教育に起因している。特に幼少期からの習慣による教育が重要であること，などが確認された。

　こうして，ダンに始まった自殺擁護は，およそ1世紀半のときを経て，ヒュームによるトマスの論駁というかたちでひとつの段階が画されたのであった。

第 2 章
自殺批判論の系譜
──自殺批判論の動揺と反撃

第 1 節　ジョン・アダムスによる反撃
──生命の所有・管理権（Propriety）と人生目的論

　ダンに始まった自殺擁護が静かな連鎖の予感をさせつつあった頃，牧師トマス・フィリポット（Thomas Philipot）による『自殺論（*Self-homicide-Murder*）』（1674 年）が著された。その序において，最近心得違いの人間の自分自身に対する悲劇的行為が増えていることは誰の目にも明らかである，と述べてダン『ビアタナトス』が言及されていることに見られるように[1]，これは，自殺は必ずしも罪ではないとした『ビアタナトス』に対抗する反論の試みである。そもそもこの著書のタイトルが，Self-homicide-Murder と，ダンによる造語 Self-homicide にただちに有罪殺人を意味する murder を付加したものであることから，ここにすでにダンに対する皮肉と反発が露わにされているといえよう。

　フィリポットにあっては，自然法と神の法とは区別されない。自然法とは，われわれの自然（nature）の創造主である神が，われわれの理性と「目的の完遂」を促すために与えたものである。この自然法は「世界の普遍的な法（the universal Law of the World）」であり，神によって人間の心に刻印されたモラル的誠意（Moral honesty）によって意志（will）と知性（understanding）を拘束し真実となるものである[2]。自殺は，その

---
1) Thomas Philipot, *Self-homicide-murther*, London, 1674, pp.A2-3.
2) *Ibid.*, pp.1-4.

ような自然法を破壊する行為であり「自己保存（Self-preservation）」の法則の侵害である，とされる。また，彼は，自殺は王，国家に対する忠誠の義務，家族内での役割，両親の子どもを教育する義務などの放棄であるという点からも大罪であると指摘する[3]。それに加え，自殺という行為は治安判事の権利の侵害であるとする。なぜなら，選出された特定の人物たる治安判事にだけ，人間の生命に対する権力（死刑執行）が委託されているからである[4]。この論は，トマス・アクィナスが『神学大全』第 II-II 部第 64 問題において述べている，共通善を配慮する職務に委ねられている公的権威（auctoritas publica）を有する首長たちだけが罪人を殺すことが出来るとする論[5]を拡大・強調したものであると考えられる。こう論じたうえで，フィリポットは，貧困などの惨禍の中にあってこそ忍耐や不屈の精神の鍛錬により分別や徳が高められるのであるから[6]，神の法＝自然法に反する自殺は，精神の欠落と災難に対する不忍耐から生じる「謀殺（wilful Murder）」行為なのだ，と結論している[7]。

　しかしながら，ダンを始めとする自殺擁護論に対抗する自殺批判論者として，その包括性と徹底性において名声を獲得したのは，その後 1700 年に『自殺論（An Essay concerning Self-Murther)』を著したジョン・アダムス（John Adams, 1662-1720）である。イートン校を卒業したアダムスは，この著書により，ウィリアム王とアン女王付きの牧師となり，やがてはキングズカレッジの学長に昇任したと言われている[8]。『自殺論』執筆の最大の目的は，自殺は不法行為である，ということの全面的証明であった。

　その議論はまず，「人間の生命（Humane Life）」の「所有権・管理権（Propriety）あるいは支配権（Dominion）」の理解をめぐって展開される[9]。前章で示したダンの自殺擁護論の中心命題「個人はその人自身の

---

3) *Ibid.*, p.8.
4) *Ibid.*, pp.9-10.
5) トマス『神学大全』第 18 巻，稲垣良典訳，創文社，162-166 頁。
6) Philipot, *Self-homicide-murther*, pp.15-16.
7) *Ibid.*, p.24.
8) MacDonald & Murphy, *op.cit.*, p.152.
9) John Adams, *An Essay concerning Self-Murther*, London, 1700, p.3.

帝王である。」に対抗して，生命の所有権とその人間的あり方がまずは論じられねばならないのである。

　アダムスによれば，人間の生命とは，理性的な魂と身体の自然な結合の結果であり，これは神によって授けられるものである。そして，そうであるならば，人間の生命における所有権は，人間自身ではなく，神こそが有するということなのである。人間が有しているのは，神によって授けられたものの使用権のみにすぎず，その絶対的な所有権ではない。従って，生命の持続が神の所有・管理下にあるにもかかわらず，人間が自殺によってそれを中断させるのは，不法行為にほかならないのである[10]。また，神による生命の創造のさい，神は被造物の「同意（Consent）」なしにそれを創造する権利を有しているのであるから[11]，生命に関して人間の同意は問題にならない。人間は，自分の生命が確実に危機に瀕したとき，あくまでも「生命の保存の権利（Right of Preservating Life）」のためにその使用権を行使し生命を賭することができるにすぎず，これは特権というよりむしろ義務なのである[12]。

　こうして，アダムスは，生命の所有権を神に帰し，人間のそれを使用権に限定する。むしろ，人間には「生命の保存の権利」という「義務」が課せられているのである。それゆえ，人間がその生命に対して有しているのは使用権にすぎず，自らの生命を破壊する力や自由を所有しているということは決してない。そこでダンの「自己保存」論が取り上げられ，その「誤り」が正されることになる。

　　「自己保存の法の理性は二つのものを基盤としている。一，神の財産である各人の生命を保存すること。二，それは生命を与えられた理由であるところの目的を考慮しながらなされること」[13]。

　この理解は，フィリポットの言う「自己保存」とは親和的ではあるが，トマス・ホッブズの「自己保存」についての理解とは微妙にしか

---

10) *Ibid.*, pp.4-8.
11) *Ibid.*, p.9.
12) *Ibid.*, p.10
13) *Ibid.*, p.75.

し決定的に異質なものだ，とアダムス自身には自覚されていたようである。それゆえアダムスは，ホッブズのいう自己保存を含む自然権（Right of Nature）の理解こそが，不正行為や卑怯行為の最悪の結果へと道を大きく開いた，とホッブズを激しく非難する。なぜなら，ホッブズ『リヴァイアサン』における自然権概念が，各人がその人自身の自然（Nature）すなわち生命を維持するために，自分の力を自分が欲するように自分自身の判断と理性とにおいて用い得るよう各人が持っている自由であるとされており[14]，各人の恣意性に開かれているようにみえるからである。

　「ホッブズ氏がいうところの自己保存の法を含む自然法の拘束のない権限は，不正行為や卑怯行為の最悪の結果へと扉を大きく開いている。……自己保存のためのこの自然権の自由は，彼の市民社会に関する最たる誤認識に基づいているようであり，最も卑しい行為のきっかけとなって当然である」[15]。

　このように，ホッブズの個人主義的自然権把握は自殺の原因となり得るとして批判される。
　「生命の保存の権利」は，アダムスにあっては，市民社会の基礎である。どんな統治のもとでも，保護の恩恵を受けているのであれば，人はその社会の保護の維持に努めていく相互の同意（Consent）を求められる。その同意の主たる内容は，生命の保存なのである。それゆえ，「市民社会における一員としての人間」の行為として判断した場合，自殺は市民社会を破壊するものであるというのである[16]。また，自殺は人間の

　14）　Cf. Thomas Hobbes, *Leviathan,* p.91. ただし，ホッブズは自殺を自己保存に反するものとして否定していた。
　15）　Adams, *An Essay concerning Self-Murther,* pp.32-33. アダムスは，ダンら自殺擁護論者が依拠する古代人による議論を，国民の種が全く違い無知で野蛮なもので参考にならない，と一蹴する（*Ibid.*, pp.132-156）。そして，ストア派のゼノンが，人間の自然の一番の原理を自己保存（Preserving of one Self）であるとしながらも，自殺が許される五つの理由（1. 愛国心　2. 友人のため　3. 大変な苦痛　4. 四肢や感覚の喪失　5. 不治の病または大変な貧困か不面目）があるとしたことを非難し（*Ibid.*, pp.162-207.），それが自己保存概念の恣意的な改変によるものだと指摘している。（*Ibid.*, p.161.）
　16）　*Ibid.*, pp.23-25.

法（Humane Laws）の効力も失わせる。なぜなら，もし人間が自分自身を殺す権威を持ち，また他者の自殺行為により勇気づけられてそれを実行するようになれば，人間法のうちで最大の刑罰である死刑を見くびり，どのような義務にも服さなくなり，何事も恐れなくなり，窃盗，強姦，殺人などの罪を犯すであろう。自殺者は公に対し，贖罪から逃れるだけでなく，他者の自殺をも誘発する。この意味で公にとって，自殺は他殺よりも重罪である。自殺は，社会から構成員を奪うだけでなく，互いの信用，仕事，取引きなどを抑制または停止させ，社会を弱体化させかねないのである。また，自殺者の遺族，未亡人や孤児の恥辱の原因にもなる。それは社会にとっても有害な結果なのである。このような理由からアダムスは，自殺は市民社会において不法だと結論するのである[17]。ともあれ，死は独占され恐れられねばならないのだ。

もとより，こうした論法に対しては，ダンの反論があり得たことをアダムスは自覚している。そのダンによる逆説的な反論とは，人間の生命の主人が人間自身ではなく神だという理由でわれわれが死ぬことができないのであれば，国家もわれわれの生命を奪うことはできないはずである，という議論である[18]。これに対し，アダムスは，次のように返答する。確かに国家は人間の生命の主人ではなく，完全な支配権は所有していない。しかし，たとえば手足に病気を患った人が身体の他の部分へ感染し生命を落とすことを防ぐために手足を切断するが，政治体にとってもそれは同じことで，不正や不従順な対象に対しては国家の生命のためにそれを切断する権力を持っているのである[19]。ここでは，国家自体がひとつの生命体だと考えられており[20]，国家という生命体がその生命保存を行うために構成員（手足）の抹殺が正当化されている。

このように，ダンら自殺擁護論者の諸論点を，主として，生命の「所有権（Propriety）」の理解をめぐる論点と市民社会・国家論に関する論点を中心軸にして批判し，自殺が不法な行為であることを論じてきたア

---

17) *Ibid.*, pp.26-29, pp.101-105.
18) 本書第 1 章第 2 節参照。
19) Adams, *An Essay concerning Self-Murther*, p.53.（これは前述のトマスの論を踏襲するものである。）
20) このような「人体としての国家」メタファーについては，甚野尚志『隠喩のなかの中世——西洋中世における政治表徴の研究』弘文堂，1992 年，第三章参照。

ダムス『自殺論』は，神にその所有権が帰される人間の生の目的に関するアダムスなりの主張を基調としている。

「私は，人間の生の真の目的とは，「美徳（VIRTUE）によって理性に従うこと」であると結論する」[21]。

ここに「モラル的善（Moral good）」が要請されることになる。「モラル的善」とは，魂（Soul）と身体（Body）から成っている人間の生命にあって，「感覚的善（Sensitive Good）」──生命の健康（Health）と保存（Preservation）に関わる感覚的認知──をベースに，魂が心（Mind）の統制と改良を行う事態を指す[22]。アダムスにあっては，人間の魂は，感覚に従う獣のそれと異なり，すぐれて理性的なもの（Rational Soul）と把握されている。そして，「善人（good man）」とは，自分の義務であると知っていることを精力的にこなす者のことである。それによって人は美徳を維持できる。美徳は自由意志の力，活力であり，それによって魂は鼓舞する[23]。ここに「美徳によって理性に従うこと」という人間の生の目的が存するのである。それゆえにアダムスにおいて自殺が不法であるのは，自殺によって，人がその「真の目的」を積極的に放棄し，それを維持する手段を永久に破壊してしまうからなのである[24]。

こうした聖職者アダムスの見地は，自らの生命を所有権者たる神の意志に委ねることが前提となっている。そこでは，永遠なる真実の絶え間ない発見と，理性による情念と欲望の統制こそが，人を他の被造物より高め神聖なる自然に近づけるのだ，とされる。自由や感覚の喪失，治癒し難い苦痛，貧困，不面目など，どのような自然の出来事も神の意志の明示であるがしかし，それによって神がその人を召されたり，その人の生命を破壊する事を望んでおられるのではない。どのような苦痛や貧困も自然な原因があるのであり，生命を破壊する免責の理由にはならない

---

21) *Ibid.*,p.17.
22) *Ibid.*, pp.87-88.
23) *Ibid.*, pp.14-17.
24) *Ibid.*, pp.17-19.

のである[25]。じつのところ，最大の美徳とは「継続（Constancy），忍耐（Patience），忠誠（Fidelity）」なのである[26]。この見地から，自殺擁護論者による勇気・名誉・自由の履き違いが断罪されることになる。死へと逃げずにどんな人生の不運にも面と向かうことこそ勇気なのであり，自殺は，運命を受け入れずに苦痛や敵から逃れようとする臆病心のなせるわざにすぎない[27]。

本来，人は善において自由なのであり，善人のみが「真の自由（True Liberty）」を持ち得る。この「真の自由」とは，理性に従い目的を追求しながら生きることであって，自殺は最大の不正であるゆえに本当の自由とは相反するものなのである[28]。自殺擁護者は，自由という名のもとに，欲望と情念の言うがままになっている者で，理性が奴隷になっているのだ[29]，というわけである。

自殺擁護の風潮が蔓延することへのアダムスの危惧は，結局のところ，神への信頼を破壊したり，人間の法の効力を弱めたりすることが，すさまじい情念（Passion）や野蛮な欲望を野放図にさせてしまうことになる，ということにあるように思われる。これは現在の悲劇であるだけでなく，未来へも感染していくものなのである[30]。アダムスはその著書『自殺論』をこう締め括っている。

「要するに，これ以上道理に叶ったたしかなことはない。すなわち，人間の幸せは市民社会なくして有り得ない。市民社会は人の情念と欲望の抑制なしには支えられない。これらは未来社会への希望と恐れなしでは抑制されない。そしてこの希望と恐れは一般的に人間によって抱かれるものであり，人を本当に抑制するものである。それらは自然であるので，真実に違いなく，その結果として未来の満足があるのだ」[31]。

---

25) *Ibid.*, pp.66-69.
26) *Ibid.*, p.70.
27) *Ibid.*, pp.220-224.
28) *Ibid.*, pp.256-260.
29) *Ibid.*, p.266.
30) *Ibid.*, p.302.
31) *Ibid.*, p.308.

最後に，アダムスの『自殺論』に特徴的な事柄として，当時の自殺者に対する人の法（Human Law）の執行状況に非難の矛先を向けていることが，特記されねばならないだろう。1700年という時点で，自殺批判論がいかなる社会的意識状況に直面していたかをあからさまに証言するものとなっているからである。

　アダムスは，自殺は自然，神，王に対する重罪であることを再度確認する。まず，それは万物を保存する所有権を有する自然に反逆し，神に対してはその命令に反し，また，王に対してはその臣下を奪う，という意味で反逆罪なのである。こう確認したうえでアダムスは，検視官と陪審員の不正について異議申し立てを行うのである。彼らは公正な判断をせずに，没収品の行方ばかりを気にしている，と。慈悲心が公正な判断の邪魔をしてはならない。自己殺害（Felo de se）の判決を下せば自殺者を断罪することになると考え，慈悲的に判断しているようだが，実際に断罪するのは神なのであるから，公正な判決をすべきである[32]，と。

　これは，当時の検視のあり方に対して，自殺否定論者アダムスが憤懣やるかたない思いをもっていたことを吐露しているものである。序章で検証したように，この頃は，自殺者の検視において自己殺害とせずに心神喪失（non compos mentis）の判決で救う事態が増加していた。このことについて，アダムスは続けて述べる。すべての自殺者が心神喪失であろうはずがない。そもそも，死ぬ前に遺書を残したり，友人に遺言めいたことを言っているのは正気であった証拠であるはずだ[33]，と。アダムスの用語法では，そうした自殺者は，「生来的狂気（Natural Madness）」ではなく，「モラル的狂気（Moral Madness）」に属する。それは大罪に当たるだけではなく，意図的・計画的に法治国家を侵害したことになるのだ。これは許されることではない。にもかかわらず，現在

　32）　*Ibid.*, p.126.

　33）　*Ibid.*, pp.126. なお，トマス・ホッブズは次のように論述して，法の見直しを提示している。すなわち，自殺者を自己殺害（Felo de se）と判定するためには，生前にその人が正常（compos mentis）であったということを証明できなければならないが，そのためには，自殺するほんの直前に誰かと接していなければ証明されず，よって実際にそれを証明するのは困難である，と。（Hobbes, *A Dialogue*, pp.116-117.）これはアダムスの論とは対立的であり，このような彼の見解もまた，自身基本的には自殺批判論者でありながらも，ホッブズが同じ自殺批判論者から攻撃される結果に寄与したのではないか，と考えられる。

の判例の検視ではすべて「心神喪失」とされてしまっているのである。「モラル的狂気」は，知性（Understanding）の総合的欠落ではなく，「知性の不適用」を意味するものである。「生来の狂気」と「モラル的狂気」の分別は，知性が誤って使用されたかどうかではなく，残されている知性があったかどうかにある。本来これが狂人（Mad）かそうでないかの違いなのだ[34]，というわけである。ここに，検視官と陪審員の不正が指摘されることになる。彼らは誠実に職務を全うせず，没収品の行方ばかりを気にしている，というのである。法は彼らに没収品の采配に対する権限を与えてはおらず，ただ，事の真実を判断するために召喚されているのにもかかわらずである[35]。自己殺害の判決をくだせば財産は没収されるが，心神喪失の判決により相続人に遺産が相続された場合，陪審員らは彼ら（遺産相続人）から「心付け」を受け取ることが出来る。これでは判決が心神喪失になるわけだ，と憤然と非難しているのである[36]。

第2節　自殺批判軸としての家族論

　18世紀初頭の自殺批判論に生じた一つの大きな特徴として指摘できることは，家族論の中で自殺の罪責性がとりたてて論じられるようになった，ということであろう。
　もとより，本章第1節で取り上げたフィリポットの場合においても，自殺が，王・国家に対する忠誠の義務とともに，家族内での役割，両親による子どもを教育する義務の放棄であるという点から大罪であると指摘されてはいた[37]。またアダムスにおいても，自殺が自殺者の遺族，未亡人や孤児にとっての恥辱の原因になり，それは社会にとっても有害で

---

34)　Adams, *An Essay concerning Self-Murther*, pp.120-125. なお，法学者であったブラックストーン（d.1675）は『英法釈義』において，ideots と lunatics は基本的に刑罰を免れることを明記している。そのうえで，自殺者すべてを心神喪失とする判決について，それはあたかも理性に反した行為をする人間はすべて，生来理性を所有していないかのような取り扱いである，と非難している。(William Blackstone, *Commentaries on the Laws of England*, The University of Chicago Press, 1979 (1769), p.24, pp.189-190.)
35)　*Ibid.*, pp.124-126.
36)　*Ibid.*, pp.128-129.
37)　Philipot, *Self-homicide-murther*, p.8.

あるから，自殺は市民社会において不法だと結論されていた[38]。しかしながら，家族の諸義務を論じる著作の中で，自殺がそのような義務に反するということがとりたてて論じられることはなかった。

　英国国教会の主教ウィリアム・フリートウッドの1705年の著作は，まさにそのようなものである。著書の題目に含まれている「両親と子ども，夫と妻，主人と召使いの関係における相互の義務について」という文言は，すでにフリートウッドの自殺批判の議論軸が何であったかを容易に推測させる。フリートウッドが提示したのは，説教の原題そのままに，家族との繋がりという切り札で自殺批判を展開することであった。

　フリートウッドはまず，そもそも人間が咎なく自殺する権利があるとすれば，人間が神の法と人の法から完全に自由であり，これらの法に対してまったく義務が無いのでなければならない，とする[39]。しかし彼にしたがえば，そのようなことはあり得ない。というのも，人には家族や近親者との親密な繋がりという現世への絆が存在するからである。したがって，

　　「たとえば第七戒「汝姦淫するなかれ」。邪悪な男がこの罪を侵して彼の隣人の床を侵害したとき，彼が攻撃したのはその犯罪の相手，強姦した女性だけであろうか，あるいは傷つけられた夫も同じように攻撃したことになるのであろうか？　男にもし妻がいたら，彼は自分自身の妻をも攻撃したことになるのではなかろうか。彼はその邪な行為によって両親や親類に不名誉を着せ，家名を汚し，悲しませ，恥をかかせて大変に困惑させたとして彼らをも攻撃してはいまいか？」[40]

として，犯罪の個人を超える罪責性が強調されることになる。同様に，第六戒「汝殺すなかれ」で殺人が禁じられているのは，遺された妻や子ども，家族に悲惨をもたらすが故である。フリートウッドは，こうした論理を自殺に重ね合わせ，一人の人間が自殺するということは一人の

---

38) Adams, *An Essay concerning Self-Murther*, pp.101-105.
39) W. Fleetwood, *The Relative duties of Parents and Children*, London, 1705, p.419.
40) *Ibid.*, p.425.

人が殺されたということになる，と定義する。人間は，知らない者の家族やその近親者以上に，自分の「家族や近親者（House and Relations）」を傷つける自由を保持していない。それ故，自殺は自らの家族や近親者をも攻撃することになるというその結果によって殺人以上の罪とされる，というのがフリートウッドの自殺非難の主要で特徴的な結論となる[41]。

前節までに検討してきた批判論，擁護論共に，生命と神，公における私，共同体と個人との関係での議論は存在したが，このフリートウッドの自殺論のように夫と妻，親と子，近親者といった家族内における個人の関係性を核とした論は見られなかった。フリートウッドは男がその妻，子ども，家族らに対して責任を持つのは自然な愛情である，としている[42]。家族内における相互義務という重責。これは17世紀の時点ですでに核家族化していたと言われるイギリスにおける「家族」が，中世以前のそれと比べ子どもを中心とする「情愛家族」へと変容していく過程での[43]，その基底を成す「家族（House）」概念の表出といえよう。

もとより，フリートウッドの自殺論が上述のような家族論とのからみでのみ終始しているというわけではない。いくつかの興味深い論点が含まれている。第一に，これまで擁護論者たちによって往々指摘されてきた，神によって（あるいは聖書中で）自殺が明白に禁止されているわけではない，ということに対し巧妙な回答の論法を提示していることである。フリートウッドによれば，聖書中で自殺が明白に禁止されていないのは当然である。というのは，どのような法も処罰なしには制定され得ないのだが，自殺の場合，神も判事も自殺者本人に対してその不在の故に直接制裁を科すことは出来ないからにすぎない。自殺者は制裁を受ける以前にすでにこの世から逃亡している。処罰できないから聖書には自殺が罪であることが明記されなかっただけなのだ。それだけの理由なのだ，というのである[44]。

また，自殺と狂気や情念との関係について，フリートウッドは以下の

---

41) *Ibid.*, pp.423-426.
42) *Ibid.*, p.486.
43) ラスレット『われら失いし世界』川北稔他訳，三嶺書房，1986年参照。
44) *Ibid.*, pp.433-434.

ように論じている。自殺者は自然，理性，宗教，自己保存に反しているという意味であたかも狂人と同じである。しかしながら，そもそも人間には理性が与えられている。この理性は人間が自身を管理し，その情念を良い状態に制御するために授けられている。そのため，狂気（mad）だったからという理由でも情念の悪影響は許されないのである[45]。この観点からすれば，フリートウッドが，自殺を狂気の領域に囲い込みその罪を免責しようとする当時の動向に批判的であったのは当然であろう。じっさい，彼は，アダムスと同様，当時の自殺の判決結果の動向について異議を唱えている。陪審員と検視官は遺族への同情から，自殺者は狂人（Mad）だったとし，そのような判決を正当化するために結局のところ狂人（Madman）のみが自殺すると言われるが，これはまったくの虚偽なのだ。この場合必要なのは，同情ではなく，仲間内での最も厳しい規律（The strictest Discipline in Camps）と法の執行における厳正な正義なのである。これこそが市民社会への反逆的行為の放置を防ぐことができるのである，と。そして，世界の善なる統治のためには，卓越性（Pre-eminence），威厳（Dignities）と名誉ある職務遂行（Office of Honour）が必要不可欠であり，これらなしには平和も秩序も社会も商業もあり得ない，と断言するのである[46]。

このように，フリートウッドにおける自殺論はより善い生すなわち宗教的な生の希求へと収斂されていく。宗教的メランコリー（religious melancholy）が体液に蔓延すると人は悲惨に陥り[47]，宗教なしでは理性も美徳も不完全なものとなるのである[48]。そして死刑を恐れて自殺する人は，彼らの思惑とは裏腹に恥を回避できないどころか，結局は狂人と同じだというのである。しかし，彼らが，キリストがそのような人の悔悛のために死んだことを信じ，福音を信じるならば，彼らは狂人と同じではない，と締め括っている[49]。

とはいえ，自殺の罪が家族への情愛との関連で論じられているのは，

---

45) *Ibid.*, pp.473-474.
46) *Ibid.*, p.453.
47) *Ibid.*, p.489.
48) *Ibid.*, p.461.
49) *Ibid.*, pp.492-494.

フリートウッドの場合に特に顕著に表れているのであって，18世紀初頭の自殺論においては未だ特異なものにとどまっていたように見うけられる。このことは，ジョン・ロックの死後四半世紀の間，英国における形而上学の第一人者と見なされていたという[50]サミュエル・クラークの論と対比したとき，明確に看取される。そのクラークの論とは，フリートウッドとほぼ同時期の1706年に刊行された自然宗教論に見られる。

クラークの自然宗教論においては，「人間の自然（Nature of Man）」とはいかなるものかが定義される。人間の自然は，まず「自然な自己愛（Natural Self-Love）」または，自己保存への配慮（Care of his own Preservation）を保有しているものである。と同時に，自分に依存する子ども，子孫，近親者，友人に対して「自然な情愛（natural affection）」を有している，とされる。この「自然な情愛」は，フリートウッドの述べた家族愛と重なるものであり，クラークにとっては，市民社会を構成する人間自然の契機として重要な意味をもつものである。この「自然な情愛」故に，人間は社会との交流なしにまったく孤立しては心地よく生きていくことができない。そこで人は自ずと相互の愛によって依存（信頼）関係の輪を広げ，善なる任務によって友情を広げようとする。そして技術と労働によって社会を作ろうとするのである。こうした相互の愛（mutual Love）によって社会は構成されている。そして互いの必要性を自覚したうえで社会の利益を享受することができる。その証拠に人間はひとり残らず自然法に拘束されている。そして，公共の善と仲間の福祉に貢献するために生まれてきたのだ，という社会の一員としての自尊心と不滅の愛情に促されるのである[51]。

このようなクラークの市民社会形成論が，ホッブズの市民社会論と敵対的に構成されたものであることは明らかである。つまり，「人間の自然」のうち「自然な自己愛（Natural Self-Love）」または「自己保存への配慮」ではなく「自然な情愛」に市民社会形成の契機を見るクラークに対し，ホッブズは徹底して「自己保存」欲求に定位していたからである。よって，クラークが「戦争状態」に体現されるホッブズの「自然状

---

50) *Dictionary of National Biography*, Oxford University Press, 1995.
51) Samuel Clarke, *A Discourse concerning the unchangeable obligations of natural religion*, London, 1706, pp.94-97.

態」理解への批判を繰り広げていたとしても,異とするには及ばない。クラークは,ホッブズのいう自然状態とは最も不自然な状態であり,人間の自然の能力の誤用状態である,と論難する。なぜなら神は人間の自然を,互いに助け合いなしでは心地よく生きられず,世界的愛と幸福を互いに促進するように創られたからである。互いに破壊などすることは,自然と神の意志に反している。このように述べ,愚劣な論理と虚構のホッブズ理論はここに粉砕された,と自信満々に締め括っている[52]。

市民社会形成の契機として人間自然の「自然な情愛(natural affection)」を決定的に重視するクラークにおいて,自殺の違法性が論じられるとすれば,それは当然,子孫,近親者,友人に対して人間自然が有する「自然な情愛」が基礎に据えられた立論になるだろうと考えるのはもっともなことである。しかし,その期待は裏切られる。「自然な情愛」との明らかで直接的な関連で自殺が論じられることはなく,むしろ,クラークの自殺論は,旧来の自殺批判論を踏襲したものとなっているのである。

クラークは,自殺批判論の定石どおり,人間は自身の創造主・贈り主(Author and Giver)ではないので,自分の生命は保存(preserve)すべきであり,それを除去する資格はない,という自殺論の前提を据える。ここでは,「自然な情愛」ではなく,「自然な自己愛(Natural Self-Love)」または「自己保存への配慮」が,自殺批判の基礎となっている。また,ピュタゴラスの言を引用し,人間が神の命なしにこの世から去るのは,兵士が上官の命なしに持ち場を離れるのと同じで違法である,と述べる。身体(body)という刑務所の外へと自分自身を解放すれば,神の恩恵は受けられない。それ故,人間は神が望むまで身体の中に忍耐強く留まっていなければならない,としている。ここでクラークは,この神の命令論に関し,ある自殺擁護論者を俎上にのせ,以下のように嘲笑する。

「『理性の神託(The Oracles of Reason)』[53]の序文で『自殺の擁護』

---

52) Ibid., pp.120-154.
53) ギルドンが編集したブラウントの遺稿集(The Miscellaneous Work)の第一番目の作品名である。

なるものを著した人物がいる。彼はこのような神の命令論に対して反撃を試みているが，彼の論はまこと非常に貧弱で子どもじみている」[54]。

これはまぎれもなく自殺擁護論者として前章で登場したギルドンのことなのである。ギルドンの論文のタイトルは「この著者の生と死について」であったが，クラークはこれをあからさまに『自殺の擁護』と皮肉っているのだ。ここから，アダムスの言及したダンに加え，ギルドンも自殺擁護論者として当時矢面に立たされていたことが窺えるのである。クラークは，神の命と人間の義務の関係について続けて論じる。人間は自分自身を保存する能力を適切に用いなければならないのである。それがひいては人間の義務の履行にもつながるのであるが，人間の義務とはすなわち欲求と情念の統制により身体と心を常に整えていなければならない，ということなのである[55]。そして自殺によって理性と均衡とを乱すことは神の意志に反する行為であり有罪であるという[56]。しかし，こうした立論にアダムス以上の新味が見られないことはたしかであろう。

第3節　教育（Education）への注目

このような自殺批判の流れのうえで，18世紀末，総括的な自殺論を著したのはチャールズ・ムーア（Charles Moore, 1730-1822）であった。『自殺に関する十全なる探求（*A Full Inquiry into the Subject of sui-cide*）』というタイトルが示すように，これは全2巻計800頁以上から成る，自殺のみを取り扱ったものとしては大著である。ここではダンとヒュームが名指しで俎上に乗せられる。このことから，18世紀末当時，この二人が自殺擁護論者の代表格と見なされていたことが確認できるのである。

---

54)　*Ibid.*, p.101.
55)　*Ibid.*, pp.96-103.
56)　*Ibid.*, pp.149-150.

また，この大部の包括的自殺論の中で，ムーアは，特徴的なことに，狂気について詳細に論じ，そのうえで，教育（education）の持つ自殺の抑止力と教育の改善の必要性を強調している。

まずは，ムーアによるダンとヒュームの論駁の内容から見てみたい。この論駁の試みにおいてやはり「自己保存」をめぐる理解が問題とされている。ここではダンの自己保存理解は広義過ぎ，また曖昧であるとして批判される。ムーアによれば，ダンは「種の保存」と「個人の保存」という概念を混同しているのだとされる。すなわち，そこでは保存とは一般に種に対するものであるが，自己保存になると，個人に対するものと理解されているというのである。また，ダンは種の保存と社会のWell-being（善・福祉）とをも混同しているという。なるほど後者は個人の破壊（destruction of an individual）に左右される場合もあるかもしれないが，種の保存というものは決して個人の破壊に左右されはしない。いわんや自己保存とは，決して自己破壊（self-destruction）とは相容れないものなのである[57]。このように論じ，ムーアはさらに続けて言う。

　「彼〔ダン〕が，殉教への熱意は死を通したよりよき善への嗜好にほかならないため自己保存の一つなのだ，と言うとき，彼は自己保存という語を異常で不自然な意味で用いている。なぜなら自己保存とは次の世に関係なく，「この世の生」を存続させること以外には決して適用されないものだからである」[58]。

この「この世の生」を存続させることにのみ限定された「自己保存」概念は，やはりヒューム批判の主要戦力として動員される。第1章で見たように，ヒュームにあって，一切の生きものは物質と運動の法則に服しているのだが，それは全能神が確立した不可変な法則に従属しているものであった。そこには神が宇宙を統御している諸法則から除外したようないかなる出来事も存在せず，仮に生命を破壊することが万能神への権利の侵害だとすれば，自分の頭上に落ちてくる石を取り払うなど生命の維持に努めることも，自然の経過を乱し，物質と運動の諸法則から

---

57) Charles Moore, *Full Inquiry into sui-cide*, vol.2, London, 1790, pp.12-14.
58) *Ibid.*, p.14.

外れることになり，同じように犯罪的であるということになる，とされていた。この議論に対しムーアは憤然と反論する。

　「ヒュームのような哲学者は，物質と運動の一般的法則と個人の身体の特別な動作の区別について知っているのみならず認知しておくべきだった。前者は基本的に神自身によって伝達され印象づけられるものであり，人間の力によって存在するものでもなければ変更され得るものでもない。後者は人間の作用の範囲内であり，人の自由意志による。それは当然人を自己保存へと方向づけるものであり，人は自由にこれを用い，「頭上の石を取り払う」ことができるのであり，それは自然の一般法則を乱したり全能神の神聖な領分を侵害したりすることではない。それどころか，これは自己保存のために神が人に植え付けられた力を行使することに過ぎないのである」[59]。

　なるほどたしかに個人の行動は各人の判断に委ねられているがしかし，そこには神によって与えられた「自己保存」への嗜好がそもそも存在し，神の定めた物質と運動の法則の範囲内で秩序を常に維持している，というわけである。
　ムーアにあって，自己保存概念は種の保存をも包含し，また個人を対象としたものであろうとあくまでも「この世の生」を存続させるためのものとして固定されている。それ故，

　「われわれの「存在（existence）」はこの世と次の世の両方を包含しており，「不必要なものの探求」ではなく，「服する」ことこそがわれわれにとっての利なのである。誉れある殉教はわれわれの存在の「より良い」領分への入り口なのであり，これによって自己保存を語るなどということは無分別も甚だしいことである」[60]。

ということになるのである。
　こうしたダン・ヒューム批判を内に含むムーアの著書の主要な関心の

---

59) Ibid., p.54.
60) Ibid., p.14.

ひとつとなっていたのが,狂気に関する議論である。ムーアは,狂気とはモラルによる導きの欠落した場合（no Moral guidance）の状態であると定義する。そして,自殺行為そのものが脳の破壊,狂気の顕れだと温情的な人たちは判断する傾向にあるが,狂人であるという診断証明書のある人以外は市民的正義から判断すると有罪である,と指摘する[61]。これは,言うまでもなく,18世紀における自殺の検視動向,つまり自殺をことごとく「心神喪失（non compos mentis）」と見なそうとする「温情的」状況を念頭に置いて言われているものである。

ムーアによれば,狂気には2種類,「生来的狂気（natural madness）」と「意志的狂気（voluntary madness）」があるという。これは,この直後に彼は意志的狂気を「モラル的狂気（moral madness）」と言い換えているので,さきに第1節で検討したアダムスの自殺論における自然的狂気とモラル的狂気の分類を踏襲したものと言ってよいだろう。ムーアは,これら二つの狂気には大きな差異がある,と強調する。

生来的狂気とは,生来理性が欠落している者,あるいは月の変化が人の脳に影響しそれを無秩序（disorder）にする場合——これは通常 lunatics と呼ばれる——であり,この発作の症状が出ている場合,などである。このような狂気の存在するところでは,そもそもモラルの主体（Moral agency）が欠落しているため罪責は問われないのである,としている。それに比してモラル的狂気とは,泥酔など自らの過失によるものや,周期的な lunatics が発作時ではなく平静な合間に行う愚行,などである。ムーアは,モラル的狂気とは,頭（head）ではなく心（heart）の狂気である,と定義している[62]。

このように狂気を二つに分類して規定したうえで,ムーアは,検視の実際の判決では,狂人（lunacy）でなくても,その行為の瞬間に理性が欠落していた場合は狂人であると判定されていることに対し異議を申し立てる[63]。非意志的な理性の欠落（involuntary loss of reason）と意志的

---

61) *Ibid.*, pp.4-7.
62) *Ibid.*, p.323-331.
63) 法学者であったブラックストーン（d.1675）は,"ideots" と "lunatics" は基本的に刑罰から免れることを明記している。そのうえで,自殺者すべてを心神喪失の扱いとする判決について,それはあたかも理性に反した行為を行う人間はすべて理性を所有していないかのような扱いである,と非難している。すべてのメランコリーや心気症（hypochondriac fit）が

な理性の悪用（voluntary perversion of reason）とは区別すべきであり，自殺者が全員 insane（非正気）であるなら検死をする意味などどこにもないのではないか，と強く主張するのである[64]。また，自殺者の遺体が検視官の前に運ばれたとき，自殺者が正統的な lunacy であり知性が欠落していたことを立証できなければ，その自殺者が生前に正気ではなく非正気だったと判断する理由は本来ほとんど無いはずだ，と指摘する。結局ムーアによれば，心神喪失という判決は遺族への温情によるものにほかならず，この温情がなければ多くの自殺者は自己殺害の判決を受けることは間違いない，と断定されるのである[65]。

おおかたの自殺が「生来的狂気」ではなく「意志的狂気」・「モラル的狂気」と結びついている，とムーアが考えていたことはまちがいない。そのムーアの包括的自殺論の中で，教育（education）と自殺との関係が強調されたことは，重要な意味をもつ。

「現在の教育のあり方が，従属的な原因と影響の連鎖を通して，結果として自殺の犯行に及ぶ心性を用意することに大変貢献していることにはまったく疑いの余地はない。教育の装飾的部分が本質なるものを侵害し，堅固と有徳が派手さと見掛け倒しに取って代わられた。Mind の資性（endowment）と Heart の修養（cultivation）は身体の外面的な完成と洗練に屈することを強いられ，磨かれた作法は健全なモラルよりもあまりにも一般に好まれるのである。流行の重要性は理性に反して熱心に教え込まれ，宗教は名誉の聖堂の前に屈し，世界への恐れは神への恐れを廃棄するために教え込まれるので

善悪を判断する能力を奪うわけではなく，また，lunatic でも，正気の間に自殺したのであれば，それは felo de se にすべきである，と主張している。（William Blackstone, *Commentaries on the Laws of England*, IV, The University of Chicago Press, 1979 (1769), p.24, pp.189-190.）

64）Moore, *op.cit.*, vol.1, pp.324-326.
65）*Ibid.*, pp.336-337. また，ムーアはこうした検視判決に対する当時の諷刺家の言葉を，「"Connoisseur" の著者が，これらの法律の興味深いくぐり抜けについて滑稽な諷刺で提示している」として脚注で次の文章を引用している。「公刊物を読めば，われわれ［イギリス人］は世界一の狂人国だ（the most lunatic people），と外国人が思うのは当然だろう。検死官が悲惨な自殺者の上にまたがり，彼らに狂人であると叫ぶのはほとんど毎日のことである。しかし，検視は，自殺者の心の状態に対してなされるのではなく，彼の財産や家族に対してなされているというのはよく知られていることである」（*Ibid.*, pp.323-324）。

ある」[66]。

　教育と自殺の連関性の指摘。特に教育が善悪の区別を曖昧にしているところに問題があるのだ，という。すなわち，公的意識において，モラル的人間と非モラル的人間（moral and immoral men）とが殆ど区別されていないことに起因するのである。自殺は心に過剰な衝撃が生じることによって起こる。これはすべての善なる原理の欠落か，あるいは誤った結果へと導くようなそれの過度な改変にも原因があるのであり，教育の欠落は原理の欠落を招くのである[67]。

　このようにムーアは，身体の外面的育成や優美なマナーのみを教育することを重要視している当時の教育のあり方に対して強く抗議している。モラルや宗教の欠落した，外的完成を目的とした教育を受けた結果，人はモラル的品性や称賛の追求に注意を払わなくなってしまうのである[68]。このような教育の結果，心（mind）が空虚になると，取るに足りない些細なものの侵入を許してしまう。その結果，軟弱なマナー，軽薄な言動，贅沢や浪費の習慣（habits）を身につける。際限のない贅沢の欲求充足は，最も有害で破滅的な結果を生む。肉欲は自制を保てなくなり，情念の奴隷になる。魂（Soul）は友人，社会，公共の美徳のために尽力せず，個人的満足を優先させるようになる。このように，贅沢は身体の気力を弱め，魂の能力を低下させ，モラルを堕落させ，Heartを腐敗させる。Heartが腐敗すると，それはおびただしい悪（Evil）で充満されてしまう[69]。このような情念と欲求の暴動を制御するために，知性は与えられたはずなのである。このような肉体的感覚（sensual）に放縦する習慣が強力でありかつ一定であると，釣合いにおいて，苦難や障害を克服する習慣は逆に衰退してしまう。また，心も宗教的畏怖を失うとどのようなことにも混乱してしまい，どのような苦痛にも耐えられなくなるのである。このように述べたあと，ムーアは結局以下のように結論する。

---

66) *Ibid.*, pp.9-10.
67) *Ibid.*, pp.8-10.
68) *Ibid.*, p.8.
69) *Ibid.*, pp.10-11.

「このように軽薄で愚劣な教育が（これまで見てきたように）真摯な思考や堅実な行為の本質の欠如へと導くのだ。これらの必須なものの欠落が取るに足らないことの追求や，浪費や贅沢の習慣（habits）を好むように導くのである。これらは，情念を燃え上がらせ，知性の力を弱め，モラルを悪化させ，heart を腐敗させるのである」[70]。

このような教育の結果の悪影響は結局欲求（appetite）の放縦を許し，それ故，忍耐（patience），服従（submission），自己否定（self-denial）などはたちまち消失させられてしまうのである[71]。ここでムーアが一貫して主張したことは，情念や欲求を知性で制御し，己の利益追求ではなく公共のために砕身し，神への畏怖心をそなえた宗教的モラル的人間を育成する教育の必要性であった。この教育論へと収斂するムーアの議論は，自殺の原因をおよそ「モラル的狂気」にもとめる彼の論がもたらしたものであった。

18世紀末には，ムーアと同様，自殺と教育の関係を重視する議論は他にも見られる。たとえば，牧師であるグレゴリー（G. Gregory）は，後に見るように王立人道協会（Royal Humane Society）での説教『自殺に関する説教（*A Sermon on suicide*）』（1797年）において，自殺の主要な原因をいくつか提示している（詳細は第II部参照のこと）。その一つ目は不信仰，そして二つ目は教育であった。そのなかでグレゴリーは，最近の自殺の増加は今日蔓延しつつある誤った教育に原因がある，としている。うわべだけで派手な，あるいは軽薄な完成ばかりが，堅実な知（solid science）や謙遜の美徳よりも一般的に好まれている，と批判するのである[72]。これはムーアの教育論とほとんど同様である。こうした自殺抑止の方法として教育の改善を進めねばならないとする議論は，その後も続くことになる。

とはいえ，18世紀初頭の時点ですでに，自殺と教育の関連が論じられていたものがまったくなかったというわけではない。その例として，

---

70) *Ibid.*, p.14.
71) *Ibid.*, pp.12-14.
72) G. Gregory, *A Sermon on Suicide*, London, 1797, pp.19-20.

またその洞察の鋭利さという点でも，医師であり哲学者でもあったバーナード・マンデヴィル（B. Mandevil, 1670-1733）における自殺と教育の関係についての独特な議論は検討しておくに値しよう。そこでは，「人為的な教育」が自殺を必然的にひき起こす次第が論じられていた。

マンデヴィルによれば，近代の教育は，幼児段階から自らの性向よりも他人の教訓を選ぶように教えられ，そのために罰や報酬が利用される類のものである。そのさい恥を利用した手段が最も効果的だとして重視されている，という[73]。この「恥（shame）」に対する恐怖心を利用し拡大させることによって，どんな人間でも恥への恐れからだけは自分を抑制するようになる，と彼は言う。これが「人為的な教育（artful education）」[74]なのであるが，それは，恥への恐れが死への恐怖より勝ってしまうまでになるものなのである[75]。

マンデヴィルは言う。

「……人間に勇気をふるいたたせる重要な施策は，まず彼にこの剛勇の原理がひそんでいることを認めさせ，そのあとで自然の女神が死にたいして吹き込んだのと同じ恐怖を，恥辱にたいしても起こさせることである。人間が死よりも強い嫌悪をいだいている，あるいはいだいているかもしれないものがあることは，自殺から明らかである。自ら死を選ぶものは，死のことを死によって避けられるものより恐ろしくはないと，考えているに違いない。というのは，恐れている災いが現存しようと今後おとずれようと，実際上のものであろうと想像上のものであろうと，なにかを避けるためでなければだれもわざとは自殺しないだろうからだ」[76]。

---

73) Bernard Mandeville, *The Fable of the Bees and Other Writings*, Hackett Publishing Company, 1997 (1732) pp.209-210, また は, *The Fable of the Bees or Private Vices, Publick Benefits Part II*, London, 1729 ; 泉谷治訳『続・蜂の寓話——私益すなわち公益』法政大学出版局，1993 年, 83-84 頁。
74) 同上訳書，67 頁。
75) 同上，83-84 頁。
76) Bernard Mandeville, *The Fable of the Bees or Private Vices, Publick Benefits,* London, 1714 ; 泉谷治訳『蜂の寓話——私益すなわち公益』法政大学出版局，192 頁。（傍点筆者。以下同様。）
マンデヴィル『続・蜂の寓話』前掲訳書，67 頁参照。

人間が自殺をするときには，何かを死よりも恐れている。それを避けるために自殺を選ぶ。つまり，自殺によって避けられるものへの恐怖が死の恐怖に勝っている。また，人間を剛勇にする秘訣は，まず人間に剛勇の原理が潜んでいるのだと教え，「恥辱」への恐怖を死への恐怖に勝らせることにあるのだ。そこで，恥辱を避け，生命よりも名誉を選んだルクレティアの例を挙げ，「政治体にのみ有用な勇気，一般に真の剛勇と呼ばれるものは人為的であって，<u>追従によってとても自負の強い人間に吹き込まれた，恥辱に対するこのうえない恐怖に本質がある</u>」[77]とする。

そのため，恥辱という情念の人為的操作により，人間を戦争へと駆り立てるのは容易なのである。

> 「名誉と恥辱の概念が社会のあいだにうけいれられるやいなや，人々を戦わせるのは困難でなくなる。……彼らの帽子に羽飾りをつけてほかの者と区別してやり，公共精神とか，自国への愛とか，敵と大胆に立ちむかうとか，死などものともしないとか，名誉の墓とか，なにかそうした大げさな言葉を話すことだ。すると自負のある人間はみな武器を取り，まっ昼間でも逃げ出すところを，死ぬまで戦うであろう」[78]。

また，このような恥辱情念の操作は，ひとりでいる場合ではなく，周囲の「目撃者」による監視の下でその効果を最大に発揮する。

> 「軍隊では，ある人間が別の人間の牽制になり，ひとりだけで目撃者がいないとみな臆病者であるような者も，百人ほどいれば，お互いの軽蔑を招くといけないから，全員いっしょで剛勇になる。この人為的な勇気を持続させ増大させるために，逃亡した者はすべて不名誉のそしりをもって罰せられるべきである。りっぱに戦った者は，勝とうと負けようともちあげてやり，厳粛にほめたたえられなければならない。手足を失った者は報いられ，死んだ者はとりわけ

---

77) 同上訳書，193 頁。（下線部，マンデヴィルによるイタリック。）
78) 同上，193 頁。

厚遇され，言葉巧みに悔やまれ，特別の賛辞がささげられるべきである。というのも，死者に名誉をあたえることは，生者を間抜けにする確実な方法であろうからだ」[79]。

「死をもものともしない」という剛勇，愛国心にまつわる名誉と，そこに向かわぬ者に対する汚名や侮蔑。このような判別の下，単独であれば逃げ出すところも，公共の場で互いを監視し合うことにより，恥辱の情念は巧みにかつ強力，確実に培養されていく。

そして，恥辱以外には，死への恐れを押さえつける力はない。「恥辱の恐れが死の恐れを押さえつけるほど激しくないときは，ほかのなにものにも死の恐れを押える力がない」[80]。

つまり，「人為的な教育」により，幼いうちから人は恥という生来の情念を巧みに操られ，内面的管理が行われる。その恥への恐れが，兵士の場合に顕著に見られるように，やがて死への恐れを凌駕するに至るのである。このことは，女性の場合においてさらに顕著になる。「女性は，教育からはるかに強い自負心を得ている」[81]のだ。そして同じように立派な教育を受けた人々の間では，女性の方が男性よりも自負心を早期に，しかも強く促される，という。その理由は，兵士がそうされるのと同じで恥辱の恐れを増大させ，いつも名誉を忘れないようにさせるためなのである。そして，女性にとっての名誉を生む自負心が対象としているのは，ただ貞潔だけなのだ[82]。

「体格が弱々しくて一般に教養が豊かであるにも関わらず，はずみに負けてこっそり罪を犯したとすれば，この上ない恥だと教えられた過失を世間から隠すために，彼女たちはいかなる真の危険にも身を曝し，どんな苦痛にも耐え，いかなる犯罪でも行うだろう！」[83]

79）　同上，193頁。
80）　同上，103頁。
81）　同上，133頁。
82）　同上，133-135頁。
83）　同上，135頁。

第 2 章　自殺批判論の系譜

女性の名誉と恥に関するこれらの記述からただちに想起されるのは，前述した，強姦されるという恥辱から逃れ処女を守り通すために自殺した聖女ルクレティアの例であろう。
　また，男性の場合には，先の引用のように，自負心は，名誉，勇気とに繋がるものとなる。

「……彼ら〔恥への〕畏怖のあまり義務に励み，ある意味で名誉の法に従わざるを得なくなる。こうしたすべてが相まって恥辱の恐れを増大させる。そしてその恐れが死の恐れをしのぐようにすることができさえすれば，彼らのなすべきことは果たされたのだ」[84]。

「人為的な教育」の目的は，結局のところ，マンデヴィルの洞察によれば，自らの死以上に恥への恐れに衝き動かされる人間の形成にほかならない。それは，死への恐れを凌駕して恥への恐れを増大させ，自殺行為を助長することに手を貸し，場合によってはそれを推奨さえするものなのだ。
　こうしたマンデヴィルの「人為的な教育」に対する皮肉に満ちた批判は，ムーアやグレゴリーが批判した当時の「軽薄で外面的なマナー」教育のみならず，じつは，ムーアやグレゴリーがそれに代えて提唱しようとしていた内面的なモラルの形成を目的とする教育論への批判ともなっている。というのも，たとえばグレゴリーには別に「教育論」なる著述があるのだが，そこで「人間の本性（human nature）の最高判事（judge）」であるとジョン・ロックを称賛し，そのロックの『教育論』の熟読を読者に推奨して[85]，特に第 113 節が引用されているからである。第 113 節には，次のようにある。

「子どもたちはあらゆる苦痛，とりわけ肉体的苦痛に対しては鍛えられねばなりませんが，明白な恥（Shame）と評判（Reputation）に対する敏感な感覚から生ずる以外のものには，傷つかぬようにし

---

84)　同上，134 頁。
85)　G. Gregory, 'Of Education' *Essays on Historical and Moral*, London, 1788, p.296.

なくてはなりません」[86]。

　これは,「恥」をその鍵概念とした近代教育[87]を代弁する一文である。すなわち, マンデヴィルによる「人為的な教育」に対する批判は, 何よりも「恥」(と評判)をその鍵概念として内面形成を企図したロック的近代教育に対する批判だったのである。それこそが自殺を助長するものなのだ。これは, 自殺と近代教育の関連に対するある種の洞察を提示していた。すなわち, 恥という情念の操作を手段とした近代教育(=「人為的教育」)は結果として自殺者の生産の源泉となるものだったということ。また, 自殺防止のために提案された教育[88]が, 皮肉にも結果として自殺(志願)者を生産するものだったということである。

　本章では主として自殺批判論者による議論を検討してきた。擁護論者が出現する前まで, 当然のごとく犯罪視されてきた自殺。突然の自殺擁護論者の登場, そしてその連鎖。批判論者たちはときに擁護論者を名指しし, 反感を剥き出しにし鉄槌を下した。その激しい論調, 反撃の姿勢からは, 彼ら(批判論者ら)自身の動揺もまた窺えよう。また, 本章で見てきたさまざまな議論からは, 18世紀に入り自殺と教育とを連関させ, 情念やモラリティとの関連で教育のあり方をめぐる議論が徐々に活発化してきたことも確認されたのである。

---

86)　J. Locke, *The Educational Writings of John Locke: A critical edition with introduction and notes*, ed. by J. L. Axtell, Cambridge UP, 1968, p.217; 服部知文訳『教育に関する考察』岩波書店, 1967年, 170頁。

87)　「恥」が近代教育論の鍵概念であったことについては, 寺﨑弘昭『イギリス学校体罰史——「イーストボーンの悲劇」とロック的構図』東京大学出版会, 2001年, 173-182頁参照。

88)　本書第II部で見るように, 自殺批判論者グレゴリーにおいても, 自殺防止のためジョン・ロックの教育論が称賛されている。

第3章
医学的自殺論の系譜
―――自殺の医療化―――

these までに，自殺論の前史を踏まえたうえで，主として文学・哲学者または聖職者を中心とした，自殺擁護論と自殺批判論のそれぞれの展開とそれぞれのモラル論・教育論が分析された。擁護論者と批判論者では，モラリティと理性，教育の関係の捉え方の相違も見られた。

生命の所有権をめぐる見解の対立を軸にして幾多の論点に関するこれらのいわば論争が展開されたそのプロセスの下で，しかし，そうした論争を尻目にその狭間を縫って実態上確実に進行し，かつこれら論争を規定した事態があった。それは，マクドナルドとマーフィーのイギリス自殺史研究によって確認されたことだが，17世紀後半以降徐々にそして18世紀には圧倒的に，自殺者の検視において自己殺害（Felo de se）とせずに心神喪失（non compos mentis）と判定する事例が増加していったという事態である[1]。

この事態は，前章で明らかにされたように，特に自殺批判論者には忌々しき事態と意識された。18世紀初頭にはジョン・アダムスがその『自殺論』（1700年）で，すべての自殺者が心神喪失であろうはずはなく「生来的狂気（Natural Madness）」と「モラル的狂気（Moral Madness）」の区別を厳格にすべきだと，検視の動向に異議を唱えていたことはすでに見たとおりである。18世紀末に出現した最も総括的な自殺論たるチャールズ・ムーア『自殺に関する十全なる探求』（1790年）でも，「生来的狂気」と「意志的狂気（Voluntary Madness）」・「モラル的狂気」と

---

[1] Cf. MacDonald & Murphy, *Sleepless Souls*. 本書序章参照。

の区別をすべきだとやはり検視動向を批判していた。そのさい重要なことは，すでに見たようにムーアにおいて，おおかたの自殺が「生来的狂気」ではなく「意志的狂気」・「モラル的狂気」と結び付いていると考えられていたことである。自殺は，少なくとも自殺批判論者において，なんらかの「狂気」と重ねて理解されていたのである。このことは，検視における心神喪失判定のうねりと相俟って，自殺と狂気が結び付いてイメージされることに拍車をかけるものであったことはまちがいない。たとえ，自殺批判論者たちの意図が，「生来的狂気」と「モラル的狂気」を区別し後者は心神喪失に該当しないと主張しようとするものであったとしても，そこでは「狂気」の差異が改めて問題になるにすぎないからである。

　ここにおいて，当時の医学者の自殺についての見解がどのようなものであり，どのような展開を示していたのかが，それとして分析される必要が生じてくる。何よりも，医学者たちこそが自殺を身心の「無秩序（disorder）」と「狂気」，そして「矯正」と結び付けて論じていたのであり，検視における医学的な専門的見解の比重の増大とともに，自殺論の動向を規定するファクターへとせり上がってきたのはたしかなことだからである。

第1節　『イギリス病』

　医学論的自殺論の系譜を明らかにしようとすれば，まず医師ジョージ・ケイン（George Cheyne, 1671-1743）[2]のそれを取り上げるのが常道であろう。ケインは，当時他国から，イギリスで自殺が蔓延しているかのように思われ[3]，自殺は「イギリス病」だと呼ばれていたことを受けて，その名のとおり『イギリス病（*English Malady*）』（1734年）を著した人物である。ケインは前書きで，「イギリス病」とは外国人や近隣諸

　2）　ケインは精神医学史上重要な位置を占めており，ケインの著書『イギリス病』は，「精神医学史の文献上，どんなに名誉ある地位を与えても過ぎることはあり得ない」と評価されてもいる。（石井厚『精神医学疾病史』金剛出版，1981年，129頁。）

　3）　MacDonald & Murphy, *op. cit.*, p.307.

国によってイギリスに与えられた不名誉な言葉である，とする。そして，著書の執筆を手がけた理由として，この不名誉から脱するために，治療法と結合した，もう少し適切で堅固な哲学を提供し，あわせて最近の流行である狂気（Lunacy と Madness）を食い止めるために適切な薬剤が有効である可能性の追求を，友人から期待されたからであるとしている[4]。

ケインにあって，最近の自殺の増加の原因は，「病気（distemper）」と無神論者の罰当たりな自殺擁護と彼らの弟子たちによるそれの普及，にもとめられる。そのうえで，この病気（distemper）＝「神経障害（nervous disorder）」の予防と治療について詳細に論じ，これまでは単に魔術や悪魔憑きとされてきた神経病の本質と原因を説明したい，と述べる。自殺は，「病気」＝「神経障害」に由来する。このケイン『イギリス病』はまさに，自殺という現象を正面に据えて扱った全面的な医学論的考察の範型を提供するものだったのである。

ケインによれば，健康（Sound Health）で健全な精気（Sound Spirit）でかつ気質の強い人は，人生のさまざまな困難を克服することができるが，神経の弱さやメランコリーなどによって，破壊されたり落胆させられると意気消沈してしまい，硫黄病の女中や子ども以下の弱さになってしまう。このような状態を，彼らに生来備わっているだけの能力でもって，勇敢に耐えたり，落ち着いたり，我慢したりすることを期待するのは，羽なしで飛んだりすることを期待するのと同じくらい馬鹿げている，という。教育や哲学，宗教は，これらの状態の人々に小さな差異はもたらすかもしれないが，しかしそれも病気の程度とその人の生まれつきの体格などによるのである。この神経障害は，絶頂期と末期がほかに比のないほど最悪なのである[5]。だから，ケインにあっては，「哲学者の終わるところ，医者が生まれる（Where the Philosopher ends, there the physician begins.）」[6]というのは殆どの場合において真実である，と宣言される。

ケインは，人間の身体と神経との関係を機械に譬える。人間の身体は

---
4) George Cheyne, *The English Malady*, London, 1734, pp.a-a2.
5) *Ibid.*, pp.1-3.
6) *Ibid.*, p.xiv.

さまざまなチャンネルとパイプから成っている機械である。魂（Soul）は脳（Brain）の中にあり，すべての神経（nerves）はそこにあるケースにおさめられているオルガンの鍵盤のようなものである。触れられて，この繊細な主体に音と旋律を運ぶのである[7]。

Disorder（障害・無秩序）については次のように述べている。繊維と神経が複雑に絡み合っているところでは，それらの機能を破壊する原因となる disorder が生じやすい。また，乾・湿・熱が過ぎると disorder になりやすくなる。体液の速すぎず，強すぎない，通常の静かな流れが重要であり，過度の油分，栄養のある体液は動きを鈍らせ，冷の病気を引き起こす[8]。また，nervous disorder（神経障害）の一般的症状についていくつか説明している。部分的または総合的な感覚の麻痺，意識の低下，無気力や倦怠感，メランコリー，塞ぎ込み。この種のものは，体液の濃度や粘着性によって起こるが，これは北部の気候によって生じやすい。また，特定の臓器や四肢の自発的動作における振動の欠如。これらはすべて麻痺性のものである。この種のものは，神経組織の脆弱さや，規則的な状態の欠如に原因がある。これにより，魂（Soul）はその動作の活力や原理を筋肉組織に指令できなくなるのである[9]。

このように，ケインにおいて，自殺は神経の無秩序（disorder）に由来するとされ，その論は神経が焦点になっているとはいえ，古来の四体液（血液・黄胆汁・黒胆汁・粘液）・四性質（温・冷・乾・湿）論が援用され連関させられている[10]。そこでは神経障害は，身体の置かれた状況と身体の体液論的状態に規定されている。したがって，ヒポクラテスがその熱と冷（火と水）の二元論を軸にして体液論的に展開した養生論においていわば気候地理学的診断が提示されたように[11]，人口密度や気候と神経病（nervous distemper）との関係を論じ，人口密度の高い都市ほど，また北部の気候ほど神経病が多い，と述べていても驚くにはあたらない。また，ロンドンは成長し過ぎた都市であり神経病が最も多いともケ

---

7) *Ibid.*, pp.4-5.
8) *Ibid.*, pp.10-11.
9) *Ibid.*, pp.15-17.
10) ちなみに，黒胆汁とはメランコリアの訳語である。
11) ヒポクラテス「食餌法について」『ヒポクラテス全集』第2巻，近藤均訳，エンタプライズ，1985年，203頁。

インは述べている[12]。

　この観点からすれば，また，習慣（Habit）と障害・無秩序（disorder）の関係が論述されるのも当然である。習慣は身体（Body）における第一の苦痛の原因である，とケインは言う。富裕，怠惰，贅沢や不活発，贅沢な食物と極上のワインは欲求（Appetite）と情念（Passion）を引き起こすとし，これらの放縦である奢侈を数回にわたり戒めている[13]。また，怠惰，運動不足などで体液が増加すると，体液の病気が生まれ，これらの苦痛が狂気（Madness と Folly）を成長させる，と警告する[14]。ここでケインは，阿呆（Fools）や虚弱または愚鈍で魂の鈍重な人は憂鬱症や意気消沈には殆ど縁がないのだとも言う[15]。

　こうした神経障害把握を前提に，ケインはその治療法について論述していく。まずケインが強調したのは，食餌療法（Regimen of Diet）の重要性である。ケインは，神経障害の治療に効果のあるこれらの養生法は近年最も無視されてきたと不満を表し，古代の治療法ひいては養生術の見直しの重要性を唱えて，以下のように述べる。古代の養生術（Healing Art）に見られる養生（Diet）には，今日の食餌療法ではすでに失われた，すべての病気に対する賢明で素晴らしい実践が見られる。古代が称賛されるべきは，彼らの治療の方法と規則，原理と自然の法則に従う概念の堅実さにある。ヒポクラテスは健康と病気の両方に食餌療法（Regimen of Diet）を基本とし，彼以前の人間が誰もそれにふれていないことに不満を示していた。ケルスス（Celsus）は，内面的無秩序（Internal disorder）には養生の規則化（regulate）を，外的無秩序（external disorder）には薬剤を適用する，として養生と薬剤処方の中庸を保った。アスクレピアデスも，治療には養生，回復には薬剤を用いること，とした[16]。ケインはこの伝統を継承しようとする。その立場からすれば，薬剤の開発のみを促進し古代の医術を顧みない近代医学の動向は，ケインにとって批判すべきものであった。彼によれば，すべての自

---

12) Cheyne, *op.cit.*, pp.54-59.
13) *Ibid.*, p.28, p.49-50.
14) *Ibid.*, p.34.
15) *Ibid.*, pp.52-53.
16) *Ibid.*, pp.149-153.

惚れてよこしまな化学者たちは，病気の治療において養生術を無視し，自分たちの名誉のためだけに，薬剤の効果を過大に吹聴してきたにすぎない[17]。

　こう述べたうえでケインは，対症療法ほど効果のある治療法はない[18]，として具体的な養生法を述べていく。神経障害が富裕と怠惰による病気であり，奢侈と不摂生により増長されるものであるのならば，節制や禁酒がその治療に必須であるのは言を俟たない。一般的には，柔らかくて軽く，消化しやすい食物が良い[19]。また，一般的には病気にはミルクが良いと言われるが，苦痛の激しい病気には新鮮な肉と良いワインを勧める，とケインは言う。食生活における油分，塩分，酒の習慣なども，病気の原因となる。北部では強い酒は摂っても良い。北部の気候は，日光が不十分で空気が湿り物質が湿りがちであるので，南部に比べ，塩分と油分の割合の調整が必要になってくるからである[20]。

　続いてケインは，養生実践の一環として運動（exercise）の必要性についても述べる。南部においては，長引く慢性的な神経病は見られないため，単に健康のための運動は殆ど必要ない。だが，北部や寒い気候のところでは，食物が粗末で不消化であり発汗も少ないため，長引く病気には絶対に運動が必要である。これが日光と希薄な空気を補うのである[21]。そうしてケインは，前述した食養生と運動の両方が神経病の治療には必要であるとしている。運動はどのようなものでも良いが，最も良いのは乗馬である。絶え間なく体内の空気が交換され，すべての器官が自然に活動するためである。次に良いのは馬車に乗ることである。そして徒歩や狩猟，スポーツなどが続く。大切なのは，身体（body）の動きとともに，心（mind）が楽しめることである。心の楽しみを保つことによって，不運や悲しみから自然と解放され，運動がより有効なものになるのである。一日の終わりに無邪気な気晴らしを楽しむことなくしては，心を安らかにし，身体が消耗するのを防ぐことは出来ない[22]，と

---

17)　*Ibid.*, p.154.
18)　*Ibid.*, pp.155-158.
19)　*Ibid.*, p.159.
20)　*Ibid.*, pp.169-171.
21)　*Ibid.*, pp.172-173.
22)　*Ibid.*, pp.177-181.

第 3 章　医学的自殺論の系譜　　　　　　　　　　95

している。このようにケインにあっては，心と身体は相互に影響し合う関係にある。

『イギリス病』の「あとがき」にはこう記されている。

> 「節制と空気，運動，食養生，適切な排泄をする身体を維持している限り，生命，健康，快活を保つ（preserve Life, Health, and Gaiety）ことが出来，慢性の病気を治すことが出来るというのは不変の真実である。逆の行いは，当然それらを破壊することになるのである」[23]。

ケインにあっては，常に健康と幸福が不可分なものとして把握されていた。

> 「……健康と美徳は絶え間なく，より健康でより幸せに（healthier and happier）成長するだろう。一方悪は，もっと惨めで不健康（more miserable and unhealthy）になっていくだろう」[24]。

以上見てきたように，医師ケインが1734年に著した医学的自殺論『イギリス病』において，自殺の原因はなによりも病気＝神経障害にもとめられ，その医学的把握と治療，防止のために詳細かつ具体的な論述がなされていた。そこでは神経病は，体液論的な枠組みと重ねられて，古代医術への回帰と，生命や健康の維持を目的として，運動や食餌療法などを含む養生論的性格を色濃く帯びるものとなっていた。

第 2 節　メランコリーと自殺──17世紀以前

(1) ティモシー・ブライトのメランコリー論

ケイン『イギリス病』において，自殺の原因とされた神経の無秩序（nervous disorder）の症状に特徴的なことに「メランコリー」が当然の

---

23) *Ibid.*, p.368.
24) *Ibid.*, p.26.

ように含まれていたことは，注目に値する。このメランコリーは，ケイン以前の医学論的自殺論においてすでに頻繁に自殺との関連で論じられていたものであった。しかし，メランコリーと自殺との関連についての把握は，17世紀以前と18世紀とのあいだで差異も見られる。そこで，まず17世紀以前の代表的なメランコリー論を取り上げて，そこにおいて自殺とメランコリー把握の関係がどのようなものであったのかを検討してみなければならない。このように自殺との関連で象徴的な神経無秩序症状「メランコリー」を焦点にしてその把握の変容を跡づけることによって，医学論的自殺論の変容もまた浮かび上がってくるはずである。

　最初に取り上げるべきは，医師ティモシー・ブライト（Timothy Bright, 1551?–1615）の『メランコリー論』（1586年）であろう[25]。ブライトにおけるメランコリーと自殺の関係はいかなるものであったのだろうか。

　ブライトはその冒頭で，乱心（Phrensies），狂気（Madnesse, Lunacies），メランコリー（Melancholy）は，神の聖なる贈り物である自然の本能（instinct of nature）によって治癒される[26]，と宣言している。ブライトによれば，メランコリーとは，理性から変質した心のある種の危険（feare）な性向（disposition）か，または，そのような種の悪化における危険によって生じた体液の顕れであるという。ここでは，メランコリーは体液によって説明されるものとされている。このメランコリーの原因となる体液には，自然なもの（naturall）と不自然なもの（unnaturall）の2種類が区分される[27]。自然なものとは，栄養のために規定された血液の粗悪な部分であり，過剰な暑さや肥満が原因であり，知性が鈍る憂鬱症を生じさせる。または，体外に排泄されるべきものが，自然の熱や混合物の多様性によりさまざまに変化してしまい，また一滴も栄養的な体液が残されないと，そこでは身体が力量的にも物質

　25）　メランコリー論史そのものに関しては，R. クリバンスキー，他『土星とメランコリー』田中英道他訳，晶文社，1991年などを参照。
　26）　Timothy Bright, *A Treatise of Melancholie*, 1586, p.iii.
　27）　*Ibid.*, pp.1-2. また，メランコリーの顕著な症状である悲嘆（sadness）についても，自然（naturall）なものと不自然，非秩序（unnaturall and disordered）的なものの2種類に区分されるが，この場合，自然なものとは外部からの偶然によるもので，不自然なものとは，内部からの惑いによるものであるとされている。（*Ibid.*, p.86.）

的にも消耗してしまう。この排泄物は，その人自身の自然（nature）の範囲内で保っておくと，身体にも心にも乱れは少ないものである。しかし，これが腐り，元のそれ自体と，身体の質からかなり変化してしまうと，すべての情念は激烈さを増し，心の平静を過度に圧迫して乱し，すべての器官の運動はメランコリー狂気（melancholie madness）になる。理性は虚しい恐れや絶望と化し，脳（brain）はその気質において変化する[28]。他方，不自然なものとは，上述したメランコリーから生じた体液，または尋常でない熱によって完全に他の性質へと変化した血液や胆汁によるものである[29]。そして結局，メランコリー・パッション（melancholie passion）とは，メランコリー体液（melancholie humour）の変調によって引き起こされる虚しい恐れから，理性が腐朽することである，という[30]。

このようなメランコリーについての説明の後，ブライトは，人間の自然において，身体が心に影響するのは精気（spirite）以外にない，とする。だがその精気と身体は無秩序によって，あるいは，外部からの要因によって影響を受ける[31]。このように，精気は，ブライトにあって，身体・魂・心を連絡しその一体性を実現する中枢概念である。その精気は，ブライトによれば，まず主（Lord）の精霊（Spirite）が混沌の中から雛を孵すかのように万物を創造し，そのさい，人の精気は身体とともに土から創られた，という。そして，身体の中に吹き込まれたのが魂である[32]。ここでは，神の大いなる精霊と人間の精気の連続性が示唆されている。身体と精気がまず創造され，そこに魂が吹き入れられ，その魂・心と身体の一体性を担保するのが精気の役割である[33]。精気が身体全体に，思想や常識による思考や瞑想などと同じく，感覚や動きを運ぶのであるが，脳（brain）はそれらの主要な道具（instrument）となる。一方，心臓（heart）は，生命，不安，愛情，恋，嫌悪，好意などで満

---

28) *Ibid.*, pp.1-2.
29) *Ibid.*, p.2.
30) *Ibid.*, p.3.
31) *Ibid.*, p.38.
32) *Ibid.*, pp.38-47.
33) ここでは，後に身心関係において松果腺と動物精気を重視したデカルトを想起してよいだろう。

たされている[34]。

　しかし，ブライト『メランコリー論』にあっては，体液論をベースにした精気の乱れとそれに基づく身体-魂・心の変調という議論に終始しはしない。それに連動して，サタン（Sathan）が大きく登場する。この著書の後半部分はその殆どが，サタンと自分自身の内面の弱さにより引き起こされるメランコリーへの対処法で占められているほどである。

　ブライトによれば，メランコリーにかかると，人は消沈し，サタンがその弱みに働きかける。メランコリーにかかった人は乾（dry）で冷（cold）である。サタンはすべての恐怖心を促し，その人を破壊しようとする，という。そしてブライトは，そのようなときには，私たちを贖ってくれる人（イエス・キリスト）を思い出しなさい[35]，と繰り返し言う。また，サタンに加え，魔女についても述べられている。魔女たちは人を騙すのであるが，この類いのものに魂が占領されてしまう。これは深刻で悲惨な体験なのである[36]。もちろん魔女やサタンの誘惑の嵐から救ってくれようとする神の不変の救いがある。しかし，メランコリーにかかった人は，神の慈悲を信用せず，失望のうちに死んでしまう。要するに，無知と不信仰がこの悲惨な境遇の主たる原因である，と結論している。そうしてこのような誘惑は本人自身の弱さとサタンの悪徳とによって生じるのである[37]。このように誘惑（temptation）にはわれわれ自身の自然から生じるものもあれば，それ以外（サタンなど）がわれわれに与える恐れから生じるものもある。そしてサタンの誘惑はその人の身体の所有や自由にまで及ぶのだ，という。サタンは人を絶望に陥れ，人間が神のものではなく，あたかも自分自身の所有物であるかのように思わせて神との絆を破壊する。ここに，自殺行為が生じる[38]。しかし，神を信じ，愛することによって，これらの誘惑を振り払うことが出来る。結局のところブライトは，メランコリーは魂の病気であるとして，神への信仰により回復することを説く[39]。

34）　Bright, *op.cit.*, pp.38-47.
35）　*Ibid.*, pp.123-192.
36）　*Ibid.*, p.193.
37）　*Ibid.*, pp.202-204.
38）　その例として，イエスを裏切り，最後には自殺したユダが挙げられている。
39）　*Ibid.*, pp.207-284.

(2) ロバート・バートン『メランコリーの解剖』

次に，17世紀における代表的なメランコリー論といえば，まず，その著書『メランコリーの解剖』(1621年) で名高いロバート・バートン (1577-1640年) が挙げられよう。バートンもこの著書において，自殺とメランコリーの関係について言及している。

バートンにあっては，狂気やメランコリーとは精気 (spirit) の病に帰せられるが，その原因となるものに，自然的なものとは別に超自然的 (preternatural, supernatural) なものが存在している。その超自然的なものとは，神や天の使いによるものか，悪魔やその手先によるものであり，特に絶望 (dispair) の主要な原因は悪魔 (devil) にある，という[40]。その精気とは血液から生じた最も敏感な気であり，人のすべての行動を司る道具であり，身体と魂を結び付ける媒介である。これらの精気は脳，心臓，肝臓の三原理に従って，自然 (natural)，生命 (vital)，動物 (animal) の三種がある[41]。また，身体と心 (mind) の病気では，比較にならないほど心の病気の方が悲惨であり，その場合身体も魂もともに悪影響を受けているが殊に魂への悪影響が著しい，という[42]。こうした「精気」理解は，ブライトの場合に精気が神の精霊によって創られていたことと比較すれば，精気が血液から生じたものとして捉えられている点で，より身体内在的な見地だと言えよう。

バートンにおいて，メランコリーが生じやすくなるのは精気の衰退による。そして，精気の衰退は「情念の中庸性」に関連している。情念 (passions) が理性より感覚 (sense) に従うなど，「情念の中庸性」が失われると，精気を衰退させ，メランコリーが生じやすくなるのである[43]。その意味で，「英雄的な恋 (Heroical Love)」はメランコリーを引き起こしやすい典型例である。恋がいかに人を盲目にさせ，死を望ませるかは，精神病院に行ってみれば，多くの者が恋のために自殺するのが見られることからも明らかである，という[44]。

---

40) Robert Burton, *The Anatomy of Melancholy*, London, 1621, p.i-176, p.iii-395.
41) *Ibid.*, p.148.
42) *Ibid.*, p.434.
43) *Ibid.*, p.258.
44) *Ibid.*, p.187.

自殺とは，バートンによれば，メランコリーもしくは狂気の結果と重なって理解されている。それ故にバートンは，自殺が狂人（mad）か，逆上して我を失っている場合か，もしくは長期のメランコリーを患っていてその絶頂期にあたる場合などにおいては，その刑罰が軽減されるべきである，と言わねばならない。彼らは理性や判断力を喪失し，自分で何をしているのかわからないからである，という[45]。バートンにあっては，無神論者も狂人と同様に扱われる。神を冒瀆し否定し呪う者たちは，精気が病んでいるために，自分や他人を破壊するのである。そうした自殺者が救われるのか救われないのかについては議論の余地がある，という。そして以下のように続ける。もし，彼らが悔悛することなしに死んでしまえば最悪の事態が予測されるが，息をひきとるまでの間に反省し，神の慈悲を請えば，神は善きように判断してくださるだろう。少なくとも彼ら自身の確かな意志ではなく，病気（狂気かメランコリー）によって絶望に陥った結果なのであれば，それらすべての阿呆や狂人（fools and madmen）が直ちに天国へ行かんことを願うのみである，と。

　本節では，16・17世紀における代表的な著者によるメランコリー論を概観した。ブライトの『メランコリー論』（1586年）とバートンの『メランコリーの解剖』（1621年）においては，自殺はメランコリーという病との関連で論じられており，体液論・情念論をベースにして主として精気の病として見なされていた観を呈していた。もちろん，それらに差異を認めることはできる。たとえば，精気の生成理論の差異などである。しかし，悪魔要因と精気論の混沌から，それらは未だ地続きの世界にあったことが確認できる。ブライトの『メランコリー論』は，前半は体液論を中心とした医学的論述となっているが，後半部分はその殆どが，悪魔と自分自身の内面の弱さにより引き起こされるメランコリーへの対処法で占められている。悪魔の誘惑によりメランコリーにとり憑かれた人間は，神の所有物であるはずの自分を，あたかも自分自身の物であるかのように思い込み，神との絆を断ち切り，自身を破壊するに至る。そのための治療法あるいは回復法として，意志の強さと神への信頼が切々と説かれていたのである。これらの論点は，現代医学の視点

---

45) *Ibid.*, p.439.

からはとても医学理論的とは思えないであろう要素であるかもしれないが，当時の医師ブライトはこれを医学論において，延々と真剣に論述しているのである。このブライトの論は，前章で扱った牧師ジョン・シムの自殺論を想起させるものでもあった。それは基本的には自殺批判論であったが，やはり食養生や悪魔に対抗する方法などが延々と述べられている，いわばよりよく生きる方法，といった風合いのものであった。また，バートンにあっても，詳述は避けたが，メランコリーは神や悪魔などといった「超自然的」要素から切り離せないものであった。ここに，宗教，または哲学と未分化であった当時の医学や身心把握の様相が鮮明に浮上してくる。

第3節　自殺の医療化——自殺把握の全面的病因論化

さて，18世紀に入り，医学論的自殺論はどのように展開したのであろうか。それにともない，自殺とメランコリー・狂気の関係についての把握や，身心関係把握はどのような変容を遂げたのであろうか。前節の16・17世紀に続き，この節では，18世紀の時期を異にする医師の三つの著作を医学的自殺論として検討する。

最初に取り上げるのは，リチャード・ブラックモア（Sir Richard Blackmore, 1653-1729）の『憂愁と鬱気，またはヒポコンドリーとヒステリーについての論』（1725年）である。この著書の出版後とくに，ヒポコンドリー（心気症・憂鬱症）が自殺の深刻な原因として捉えられるようになったとされる[46]。18世紀になると，メランコリーはヒポコンドリーと深く関連づけられるものとなり[47]，それらの自殺との関係が問題となる。

メランコリーの原因は，ブラックモアによれば，「動物精気（animal spirit）」の構成の貧弱さや変質にあるとされている。動物精気がその変

---

46) Minois, *op.cit.*, p.243；また，フーコーはブラックモアのこの著書の中で，ヒステリーとヒポコンドリーが一つの病気から出た二種の変種として定義されていることについて言及している。（フーコー『狂気の歴史』田村俶訳，新潮社，1975年，301頁。）
47) 石井厚，前掲書，参照。

調のために，脳に相応の活力や速度をもって作用することができなくなるのである。そしてこのような状態においては，神経が動きや繊細な知覚の管理に適応しなくなってしまい，脳内外で，通常の命令に従った働きが出来なくなるのである，という[48]。ブラックモアは，このような精気の弱化の原因は血液の質に問題がある，すなわち濃厚で豊富な質の欠落にある，と指摘する[49]。

　そしてメランコリーの具体的症状について以下のように論述していく。メランコリーの人（melancholy Person）の思考はいつも悲しみや憂鬱の中にある。彼らはこのような気ふさぎになる前に彼らの心が通常心の慰みとしたことに没頭する。そのため，たとえば宗教的な人がメランコリーになった場合は次のような症状が見られる。すなわち，彼らは通常，彼らの義務の遂行やその後の幸福に関する事柄ばかり考えていたため，気の病によって，自分の忠誠や悔悛の真実味，あるいは彼らの永続的な状態に関する不信，疑念，恐れなどが増大すると，絶望に近似した深い落胆や自責の念に駆られるのである。これは無神論者，不信心者，放蕩者，迷信的狂人（superstitious Madness）と嘲笑的に呼ばれるものである[50]。そして彼らは理性を冒瀆し，短気で凶悪な気質をしていて，宗教を非難し，また，信心深く献身的な人を指して狂信者や奇妙な妄想家と毒づくのである[51]。ここにおいては，そもそも宗教的な人間ほどメランコリーになりやすく，その場合無神論者になり，無神論もまたメランコリーの一形態だと見なされていたことが見てとれる。そのメランコリーの症状について以下のように述べる。

　　「メランコリーの人たちにはいくつかの症例があるが，自分たちが実際に死んでいると思い込み，自分の身体がなかば冷たくなっていると想像する人たちがいる。また，現実に自分を死へと導き，自分の葬式のためにそうすることを切望する人たちもいるのである。これらの信じがたいような例を私自身実際に見てきたし，前者の例は

---

48) Richard Blackmore, *A Treatise of the Spleen and Vapors*, London, 1725, p.154.
49) *Ibid.*, p.155.
50) *Ibid.*, p.158.
51) *Ibid.*, pp.158-159.

信用ある著者たちによっても言及されている」[52]。

そして彼らが心配や悲しみ，恐れなどで心を満たしている間，不安で落ち着きのない情念を産み出すのは，メランコリーという病気と不可分なものであると考えられる，と述べている[53]。ここに，メランコリーと無神論，自殺が一つの直線上で結ばれる。ともあれ，ブラックモアにあって，メランコリーないしヒポコンドリーの成り立ちに関わって，17世紀以前にみられた悪魔的要因があからさまには登場しないのはたしかである。メランコリーは，端的に，血液の変調に基づく動物精気（animal spirit）の構成の貧弱さや変質にもとめられる。それとともに，自殺把握も17世紀以前にみられた悪魔的要因から切り離され，世俗的な病因に還元されていった。

次に，ロバート・ホイット（Robert Whytt, 1714-1766）[54]の『神経病論』（1765年）の場合はどうであろうか。その論題のとおり，ホイットは，ヒポコンドリーないしヒステリーと呼ばれる無秩序（disorder）の症状を神経組織の病気に由来するものであるとする。そして，「共感（sympathy）」と「同意（consent）」という概念を用いて，神経と身心の相関関係論を展開していく。ホイットによれば，神経には知覚（feeling）があり，全体に流れるような共感がある。そのため身体の各部位間には特別で大変顕著な同意が存在する，というのである[55]。神経は感覚（sense）と運動（motion）の力を身体に伝達する。身体のすべての部分（骨・軟骨以外）には，神経があるので，多かれ少なかれ知覚がある。身体のすべての各部位と全体とは共感しているのである。たとえば，脳（Brain）が傷つくと，嘔吐や震え，痙攣，麻痺などの症状により，身体のほとんどすべての部分に障害が起こりがちである。一方，胃が良好な

---

52) Ibid., p.162.
53) Ibid., pp.162-163.
54) フーコーは，18世紀半ば，ヒステリーとヒポコンドリーという二種の病気が完全に同一視される過程における登場人物としてホイットを位置づけ，この著書も含めたホイットの神経病論について複数回言及している。（フーコー『狂気の歴史』224, 252, 273-274, 302, 312-313頁他参照。）
55) Robert Whytt, *Observations on the Nature, Causes, and Cure of those Disorders which have been COMMONLY called Nervous Hypochondriac, or Hysteric*, London, 1765, pp.v-vi.

状態で消化機能も良いときには精神状態（spirit）も良く，身体も軽く快活である。しかし，臓器の機能が鈍くなると，無気力やメランコリー，不眠や悪夢を招く。これは贅沢な食事，強いワイン，酒などが原因で，これらが大変な空腹時に摂取されると全身にその強さが回ってしまうからである[56]。また，全身にわたる同意や共感に加えて，個々の器官の間にも顕著な共感がある。たとえば，空腹時に好物を見て，唾液が出るのは，胃と唾液腺が目の網膜と共感（sympasize）している証拠である[57]。悲しみや苛立ち，恐れは，唾液の分泌物を減らし，欲求（appetite）を破壊するかもしくは失わせることさえある。この場合，急激で強い情念の影響で脳と心臓間で同意（consent）が起こるのである[58]。

　ホイットのヒポコンドリー論における身心関係把握にあっては，このように，身心にわたるさまざまな「共感」の媒体として神経がクローズ・アップされ，障害・無秩序は神経の病として把握されていた。「共感」論的把握それ自体で言えば，しかし，それはヒポクラテス，ガレノス以来のものである。だからホイットは，古代医学の二大巨匠であるヒポクラテスとガレノスも共感・同意という概念を無視してはいなかったことについて記している。しかし，彼らはその共感的影響力（Sympathetic affections）が神経（nerves）に依っているとは全く考えていなかった，とホイットは誇らしげに記すことになる。彼らは，たとえば頭痛について，その原因は頭部（脳）にはなく単に胃や子宮に起因する気ふさぎだとしたにすぎない。そして，ウィリス博士[59]が彼以前のどんな解剖学者よりも正確に脳と神経について描出している，として称賛している[60]。

---

　56)　*Ibid.*, pp.3-12.
　57)　*Ibid.*, p.42.
　58)　*Ibid.*, pp.15-16. なお，心のいくつかの諸情念ほど，身体に突然で衝撃的な変化をもたらすものはない，とされている。(*Ibid.*, p.60.)
　59)　Thomas Willis(1621-1675) オックスフォード大学自然哲学教授。脳底の大脳動脈輪の発見者。医者，哲学者，解剖学者，生理学者を兼ねた偉大な臨床家の系譜に属すると言われている。*Pathologia cerebri, et nervosi generis specimen*(1667) などを著し，ヒステリーは女性特有の病気であり子宮に原因があるとするヒステリー子宮因説に反論。ヒステリーは女性だけではなく男性にも見られ，本来痙攣性で脳，神経系に原因があり，動物精気（animal spirit）が病毒に侵されることから起こると指摘した。（エティエンヌ・トリヤ『ヒステリーの歴史』安田一郎・横倉れい訳，青土社，1998年，78-79頁，または石井厚，前掲書，125-126頁参照。）
　60)　Robert Whytt, *op.cit.*, pp.37-38 footnote.

第3章 医学的自殺論の系譜

　この病因の神経障害への着目は，本章第1節で取り上げた1734年に著された医学的自殺論ケイン『イギリス病』においても，その限りでは同様であった。ケインにおいて，自殺の原因はなによりも病気＝神経障害にもとめられていた。このケインの神経障害把握に関して，それゆえ，ホイットは論述していくことになる。

　ホイットによれば，神経障害の一般的な症状としては睡眠妨害，悪夢，恐れ，悲しみ，絶望，馬鹿げた空想などがあるという。そしてケインの『イギリス病』が取り上げられ，ケイン博士は，すべての顕著な神経障害は胃，腸，肝臓，脾臓，下腹部の器官に原因があるとしていることが指摘される。これらに対して，心気症（hypochondriac）とヒステリー（hysteric）の症状はしばしば消化管や子宮，腹部の疾患から起こることは疑う余地がない，というのがホイットの持論である。さらに彼は，神経障害一般の原因として，神経組織全体の過剰な繊細さと身体の機能における虚弱さや感覚の喪失を挙げる。子どもは大人に比べて神経組織が繊細で動じやすい。また，女性も男性に比べてそうである。しかし，老人は神経が敏感ではないのでこれらの障害には苦しめられない，という[61]。心臓の過敏性や憂鬱は，心の影響もしくは神経組織の感覚が過敏になることによって起こる。特に胃と腸が炎症や壊血症などによる不快な感覚により痛められた場合にそうである。関節炎のようなことが胃と腸に起きる例外的な痛風の場合も，心の抑鬱（depression of mind），メランコリーを招く。また，激しいメランコリーなどは下腹部や他の内臓などから血液中の有毒物質が脳に運搬されることによって起こる。突然の悲しみや心の激しい情念は神経組織が大変繊細な人に起こり，メランコリーを引き起こすのである。ここでホイットは，すでに「患者」という名詞を使用する。「この病気にかかった患者（patient）は眠っているとき，自分の胸が圧迫されていると想像するのだ」[62]。

> 「彼は自分が強靭な男か悪魔と格闘している，または火事の家の中にいる，もしくは海か川で溺れそうになっている，と想像するのである。危険から逃れようとして，あるいは丘を駆け上がろうとして

---
61) *Ibid.*, pp.85-118.
62) *Ibid.*, p.315.

彼はすでに前進した分だけ後退していると幻想するのである」[63]。

このような障害は一般的には脳か肺の静脈洞の血液の停滞か，または脳に過剰な血液が運ばれたためだと考えられてきた。しかしホイットはこれを寝る前の食事などによる胃の状態と関連づけ，意気消沈（low spirit），メランコリー，不眠は胃の障害に起因していると結論する。胃と頭部（head），心臓，肺，腸との共感は大変顕著であり，夢魔がこの器官の神経の影響から生じることは明らかだとしている[64]。このようにホイットにおける神経障害把握は，その原点に全身の神経と胃腸の共感を念頭に置いたものとなっている。

神経障害の治療（cure）法としてホイットが提示するのは，二つのことである。第一に，神経病になりそうな原因を減らすか除去すること。また，神経過剰や，ヒステリー，心気症を引き起こしそうな偶発的な要因を取り除くまたは矯正する（remove or correct）こと。第二に，最良の救済策は胃腸だけでなく身体全体や，神経に対する特殊な作用によって過敏になりがちな部分を強くすることである[65]。そして最後に，長く続く悲しみや心配，その他心の憂鬱による意気消沈やメランコリーの場合には，結局，毎日の運動，特に旅行やさまざまな娯楽以外に有効なものはない，と締め括っている[66]。

最後に検討するのは，ウイリアム・ロウレイ（William Rowley, 1742-1806）のヒポコンドリー論（1788年）である。ホイットにあっても，「患者」という表現は見られたのだが，18世紀末のロウレイにおいては，まずその序文で「個々の患者（every individual patient）」という描写が見られるように[67]，「患者（patient）」という言葉がさらに積極的かつ奔放に使用されている。ホイットが自殺そのものについてではなくその原因と見られていた神経障害について議論を限定していたのに対し，ロウレイの著書は，より直接的に自殺について論じている。

---

63) *Ibid.*, pp.315-316.
64) *Ibid.*, pp.311-320.
65) *Ibid.*, pp.333-334.
66) *Ibid.*, p.520.
67) William Rawley, *A Treatise on female, nervous, hysterical, hypochondriacal, bilious, convulsive diseases, with thought on Madness,sui-cide, etc.*, London, 1788, p.viii.

第3章 医学的自殺論の系譜

　ロウレイはまず，自殺は宗教的，モラル的，政治的見地から見れば犯罪である，と述べる。宗教的見地においては，キリスト教の教義に反しているからであり，政治的見地においては，社会の構成員を奪うことになる。モラル的には，互いに支え合って生きている家族，近親者や友人に対する裏切りなのである[68]。このように，これまでの自殺批判の論点とされてきたものを一通り簡潔に述べたあとで，ロウレイは，このような行為を思い止まらせることと，注意深く警戒し，その行為を防ぐよう家族を説得することが必要であろうと語る。そのうえで，自殺の間接的原因は心の動揺や身体の辛辣さ（acrimony）などの狂気（insanity）にあり，そしてより直接的な原因としては，世間の評判を気にし過ぎたり（野心），不運に耐える勇気を欠如させていること（不忍耐）が挙げられる，と述べるのである。そうした野心，不忍耐，そしてその結果としての絶望なども結局激しい情念によるものであり，ロウレイによればいかなる激しい情念においてもある種の狂気（madness）が存在する。そして，古代ローマのカトーの自殺も事実狂気の行為であったと位置づけるのである[69]。

　ロウレイは，こうして，自殺を「狂気」（insanityあるいはmadness）に由来する行為として見なすことになるわけだが，ロウレイに顕著にみられることは，あらゆる自殺行為が「狂気」・「心神喪失」の範疇に括られることである。彼は，生命の破壊を目論むとき，あるいは不運に無分別になっているとき，その人はもはや正気（compos mentis）ではないのは明らかであり，それゆえ自殺をする人はすべて必ず狂人（insanity）だと見なされなければならない，と断言する。これは，ロウレイによれば，自殺者が死ぬ前に遺書を書いたり友人と会ったりして，いかにも理性的な人間のように自分で死の準備をしているように見えるとしても，そうなのである。日常の生活の場面で，自殺を目論んでいる人がたとえ理性的に振舞おうとも，その人の一部分が「非理性的（irrational）」であり，それがその人に自殺を促すとしたら，これは乱心であり狂人（madness）の証拠なのである，とする[70]。

---

68) *Ibid.*, p.334.
69) *Ibid.*, pp.337-340.
70) *Ibid.*, pp.342-343.

「痛みは悪であり，死は人生におけるすべての希望と快活を奪うことである。……人は正気（sense）を保存（preserve）している限り，悪を認知しているはずである。ということは，自殺をする人は公正に判断できない心神喪失なのである。これは心の誤った印象（images）の影響によるものであり，それゆえ自殺は狂気の行為だと見なされるのである」[71]。

自殺に伴う痛みも死も悪である。正気の人は悪を認知しているはずである。にもかかわらず自殺する人は，従って，「狂気」・「心神喪失」にほかならない。単純な三段論法。しかしロウレイは，確信をもって断言している。このすべての自殺は狂気のなせる業だという主張は，自殺の直前まで正気に見えた場合にも該当する。これは，第2章の最初に検討したアダムスの『自殺論』（1700年）から大きく踏み出している。アダムスは，死ぬ前に遺書を残したり，友人に遺言めいたことを言っているのは正気であった証拠であるはず[72]，と述べていた。アダムスの用語法では，そうした自殺者は，「生来の狂気（Natural Madness）」ではなく，「モラル的狂気（Moral Madness）」に属する。それは，意図的・計画的に法治国家を侵害した大罪に当たるものであり，「心神喪失」判定を適用してはならない，と。これに対して18世紀も終わりに近い医師ロウレイの場合，そのような場合も含めすべての自殺行為がそれ自体「狂気」・「心神喪失」である。「モラル的狂気」も狂気には違いないのである。だから，彼は自殺者およびその予備軍を「患者（patient）」と呼んではばからない。

さきの引用にもあったように，自殺は誤った心象（false images）に由来し，誤った心象は血液の辛辣さ（acrimony）から産出される。その原因には気候も挙げられる。陰鬱な11月に，想像上のもしくは現実の不運が心を占領してしまうのである。これには狂気と同じ治療（treatment）が施されなければならない，という。また，心に対しては音楽や会話，身体には運動で気を紛らわすことが必要なのである[73]。

---

71) *Ibid.*, p.343.
72) Adams, *op.cit.*, p.126.
73) Rawley, *op.cit.*, pp.343-344.

最後にロウレイは自殺志願者に対する周囲の対処の仕方について述べている。

「どこででも，自殺の企てを常に疑い，彼の行動のすべてを注意深く監視することによって，患者の生命を守ることが最善なのである。そしてそのような不謹慎で非理性的（irrational）な行為の実行のための道具や武器，手段はすべて取り払われなければならない。……身体は運動かアンチノンの発汗薬によって発汗させられ，患者は始終ベッドに寝かせられなければならない。かくして邪悪の遂行は防げるのである」[74]。

このように述べたあと，再度さらに以下のように駄目押しをする。

「もしこの訓令が不十分だと感じたら，自殺志願者（intender of suicide）を，狂人（insane）を家に引き取っている人たち[75]に委ねると良い。というのは，このように心の混乱した人間が目論むずるがしこい策略には目を見張るものがあるからである。彼らはしばしば完璧な寝ずの番（the greatest vigilance）の目をも逃れ，完全に感傷的になり，このような向こう見ずな狂人の行動を起こしてしまうのである」[76]。

こうして，医学的自殺論においてどのように自殺が把握されてきたかを辿ってきてみると，そこに，実態上の自殺検視判定の動向とパラレルにその動向を補強ないし後追いしつつ自殺観念を「狂気」へと囲い込んでいった軌跡を見ることができる。マクドナルドらの自殺史研究では，「17世紀後半から18世紀において医者たちは，自殺理解になんらの顕

---

74) *Ibid.*, p.344.
75) これは狂人のための救済院 Bedlam を指すと考えられる。狂人たちだけのために設けられた，確実に知られている最初の施設は，ヴァレンシアのマニコーム（狂人の家）である。イギリスではロンドンのベツレヘム聖マリー僧院が1547年にこのような施設になった。（イヴ・ペリシエ『精神医学の歴史』三好暁光訳，白水社，1974年，68頁。）
76) Rawley, *op.cit.*, p.344.

著な貢献をなさなかった。」[77]と言われている。しかしながら，マクドナルドらさえもが指摘せざるを得なかった「世俗化（secularization）」[78]（魔術からの解放＝マックス・ヴェーバー），つまり1700年のケイン以降の自殺要因論が悪魔的要因から解き放たれて純然たる身体・心理的説明に終始するようになったということだけではなく，いくつものことが指摘され得るように思われる。簡潔に重要なものだけいくつか指摘すれば，第一に，そのような脱魔術化過程において，悪魔要因を排除することによって，医学的自殺論が哲学・宗教的様相を脱皮することを可能とし，自殺をめぐる言説が固有に医学的な領域に包摂されるようになったこと。これは，自殺の医療化（Medicalization）と言われ得る。1734年に『イギリス病』を公刊したケインがその中で，「哲学者の終わるところ，医者が生まれる。」と誇らしげに語ったのは，この医療化の開始を自信をもって告げるものであった。第二に，そのような過程において，古来の体液論的把握が徐々に衰退するとともに養生論的配慮が衰退してきたこと。第三に，その過程は狂気・メランコリーの要因把握が精気（spirit）よりも神経そのものに傾斜していったことと同時進行的であったこと。第四に，18世紀末にはロウレイに顕著にみられたように，すべての自殺が「狂気」・「心神喪失」に帰着せしめられたことである。これらの論と，「心神喪失」が「自己殺害」に圧勝していった実際の裁判結果とを合わせみるとき，ここに自殺のメディカライゼーションは完結する。自殺者およびその予備軍は「患者（patient）」[79]にほかならない。「患者」の存在に前提されているのは「病気」，「医者」そして「治療」である。さきのロウレイからの引用に明らかなように，自殺を志願する「狂気」の「患者」は，その回復を目的として，心身に対するさまざまな治療が施され，「寝ずの番」のもとで徹底的に監視されなければならない。そこでは，四六時中ベッドに拘束してでも，「生かし続けることこそが最

---

77) MacDonald & Murphy, *op.cit.*, p.198.
78) *Ibid.*, pp.178-216.
79) この表現は，すでにホイトの著作（1765年）の中で頻繁に使用され始めていた。現代の用語では，patientとは「誰かによる監視（supervision），世話（care），治療（treatment），矯正（correction）に服するもの」とされている。（*Oxford English Dictionary*, Clarendon Press, 1933, p.556.）

善」[80]とされているのである[81]。

---

80) Rawley, *op.cit* ,, p.344.
81) また，20世紀に入ると躁鬱症は，間脳に重要な原因があると判明し，電気ショック療法が特に有効とされるようになった。その後この電気ショック療法は，麻酔と筋弛緩処置のもとで行われるようになり，「自殺の恐れのあるメランコリーに対する極めて優れた治療手段となった」，という。(イヴ・ペリシエ，前掲書，171頁。)

第 II 部

人道協会（Humane Society）の出現とその思想

18世紀後期，イギリス初の自殺防止，人命救助団体が出現した。人道協会（Humane Society），のちの王立人道協会（Royal Humane Society，以下 RHS と略記）である。この協会は，本書第 I 部で見た自殺論争の展開で明らかになった自殺に対する心性の変化の中で生まれたのである。このうねりの中で誕生した RHS による自殺者の蘇生と救済の事業は，近代イギリスにおける自殺把握のある一つの着地点を表現しているともいえるだろう。

この協会は 1774 年，二人の医学者によって立ち上げられたものである。基本的に，当初は，二人の医学的関心から設立されたものであり，難破船などの遭難者を含む溺水者の救助というレスキュー隊のようなものであったが，同時に，自殺未遂者も救出していた。その後，各国で児童保護・動物愛護活動を展開したさまざまな 'Humane Society' の先駆けともいわれている[1]。

協会は現在，ロンドンを本拠とし，イギリス内外に 200 以上もの拠点を持っていまなお活動を続けており，定期的な活動報告と牧師の説教が行われている。医学者らによって設立された協会で牧師が説教を行う，——これは自殺論争時に自殺批判論者であった聖職者たちの教育論と，医学者らによる医学的自殺論のまさに融合体といえるものであると考えられる。また，本協会についての紹介『王立人道協会の話』[2]が，日曜学校連盟から出版され，現在でもイギリスのパブリック・スクールでは，本協会主催の人命救出大会が開催されており，成績優秀な生徒が表彰されている。RHS の事務局長であったチャールトンは，生命の救助とその回復分野において，市民と公共体のそれらに対する責任性についての教育（education）の多くを，本協会が負ってきたことは疑問の余地がないという[3]。

また，アンダーソンは，『ヴィクトリア期とエドワード期の自殺』の中で，19 世紀に RHS が一般人に水泳や人命救助の方法を教えたりしていく中，他の協会もそれを引き継ぎ，やがて教育省で水泳と人命救助が

---

1) Addeane S. Caflleigh, *op.cit.*, p.582; Diana Coke, *op.cit.*,pp.8-9.
2) Frank Mundell, *Stories of the Royal Humane Society*, London: The Sunday School Union, 1896.
3) R. W. C. Charlton, 'The Royal Humane Society', *Community Health*, Bristol, 1970, p.62.

全寮制の学校で正規に教えることを認めるようになっていったことに言及している[4]。

そこで，第Ⅱ部では，RHSがいかなる意味を持って出現し，存続したのかを，設立趣意書，協会での説教，年次報告書，設立者の著書，新聞記事などの分析により，設立者の意図，思想を含めて明らかにしたい。

---

4) Olive Anderson, *Suicide in Victorian and Edwardian England*, Clarendon Press, 1987.

第1章
イギリス初の自殺防止・人命救助団体の出現とその活動

―――――――

第1節　協会の設立と自殺防止

(1) 協会の設立と目的

　まず初めに,協会の誕生についてみていくこととする。RHS は,1774年4月18日,二人の医学者,トマス・コーガン博士（Dr. Thomas Cogan, 1736-1818）とウィリアム・ホーズ博士（Dr. William Hawes, 1736-1806）により,ロンドンのコーヒーハウスで仲間16人を集めて提案され,設立された[1]。コーガンは,医学者であると同時に牧師でもあった。ホーズについての具体的な人物像は次節に譲るが,医師であり,医学教育の分野で「仮死」について最初に紹介した唯一の人物であると目されている。メンバーには,人工呼吸法の発明者であるフォザーギル博士のほか,著名な医師ジョン・コークリー・レッソムらがおり,メンバーの多くはウエストミンスターとロンドンブリッジで開業している内科医や外科医であった[2]。役員には2種類あり,1度に5ギニー以上を納める永久役員と,年に1ギニーを納める年役員とがあった。1774年の記録には,144名の役員および49名の医療援助者とその住所

---

1) Bishop, *op.cit.*, p.1.
2) Bishop, *op.cit.*, p.1 ; W. Hawes, *An Address to The King and Parliament of Great- Britain*, London, 1778, p.15, *Dictionary of National Biography on CD-ROM*, Oxford University Press, 1995.

が登録されている。発足時には，The Institution for affording immediate relief to persons apparently dead from drowning という名であったが，The Society for the recovery of persons apparently drowned を経て，1776年に The Humane Society となり，1787年，The Royal Humane Society となった。設立当初は，設立者や役員の寄付金を財源としていたが[3]，のちに公衆に広く寄付を呼びかけ，市からも援助金を得て運営された。

設立の主要な目的の一つとして，人工呼吸による蘇生法の実践があった。この，仮死状態からの人工呼吸による蘇生法は，そもそも1650年，フォザーギル博士によって発見され，王立協会（Royal Society）に報告された。ところが，当時のイギリスの科学界では，心臓停止＝死の認識が当然視されており，この主張は退けられる。だが，大陸では，フォザーギルの発見が注目され採用される。1767年，スイスで仮死状態からの蘇生の成功例がいくつか報告される。同年，オランダで，「溺水者の回復のための協会」が設立された。1773年，コーガンが，このオランダの協会の会報を翻訳してイギリスに紹介し，当時のイギリスにはこのような協会がないという理由で設立したのがRHSであった[4]。

この意味で，このRHSはイギリスにおいて，心臓停止が人間の死だというそれまでの「常識」を打ち破り，科学・医学の介入により心臓停止者を蘇生することで人間の生命の幅を拡大するその科学的・社会的実験場を溺水者の救助から徐々に炭鉱事故や首吊り自殺などによる心臓停止者にも広く求めていったものだと推測されるであろうが，のちに本研究により明らかにされるように，実は設立当初から自殺者救助，自殺防止もまた主要な目的の一つであったのである。

最近の協会のパンフレットによれば[5]，協会は，科学と人間性の結合によってその適用を広げて，その衝撃と実例が生命を救う多くの類似した団体を形成してきた，とされている。じっさい，協会は，宗教，階層を問わず広く普及し，取扱事例は，設立から1794年までに2,572件，1809年には15,165件にも達している。その頃までには，イギリス国内

---

3) W. Hawes, *Plan and Reports of the Society*, London, 1774（以下 *Plan and Reports* と略記), p.54.
4) Mundell, *op.cit.*, pp.11-13.
5) Coke, *op.cit.*, p.8.

外に 42 箇所の関係組織が設置されていた[6]。

そもそも，創立者の一人ホーズが協会の王認をもとめて執筆した『王立嘆願書』[7]（1778 年）の冒頭には，「本国のすべての宗派，団体，階級の仲間たちを，自然の法則による死より早期の悲惨な死を回避させることに奉仕することが，嘆願者の望みである。」と明記されている。心臓停止はまだ人間の死ではないのである[8]。このように人間の生命の幅を拡大し生命を蘇生することは，ホーズによって，人口対策に寄与するものだと主張される。というのも，本協会による生命の保存活動は，彼によれば，当時減少していると言われていた人口[9]を人口増加へと転じ，国富を増大させることに積極的に貢献するものだからである。

(2) 王立嘆願書・設立趣意書——ホーズの計画「自殺者の救助，人口増大への寄与」

協会設立の目的と活動計画および設立者ホーズ自身の思想を詳らかにするためにも，ここでは，ホーズの著になる『王立嘆願書』，『設立趣意書』を見ていくことにする。ホーズは，「仮死」というテーマを初めて，医学教育の一つとして紹介し，仮死状態についての講座を開設した人物だといわれている[10]。

ホーズは，『王立嘆願書』の冒頭で，宗派，団体，階級を超えて仲間である創造物に，自然の法則による死より早期の悲惨な死を回避させることに奉仕することが望みである，としており，資金的援助と同時に行政による権威の授与を要求している[11]。政府の力は，統治されている人々の最大の関心事である生命を保存する以上に快適に働くことはない，と

---

6) Bishop, *op.cit.*, pp.5-6.

7) W. Hawes, *An Address to The King and Parliament of Great- Britain*, London, 1778.（以下 *An Address* と略記。）

8) ここでは近代医学は，心臓が停止してもなお人間は生きており医学の介入によって蘇生できることをアピールしている。しかしいったん医学が人間の生命に関与することが常識となった後，今日では，一方で，心臓が動いていても脳が死んでいれば，それは人間の死だとも主張されることになっている。

9) 南亮三郎『人口思想史』千倉書房，1963 年，114，149-150 頁参照。

10) "Memoirs of William Hawes, M. D." *Extract from the European Magazine, and London Review*, London, 1802, pp.10-11.

11) Hawes, *An Address*, pp.1-3.

し，当時の人口の減少問題を持ち出して次のように言う。「生命の保存と結果としての人口の増加は，特に注目に値する価値であるというのは，確かであり，事実だろう」[12]。そのうえで，自殺は殺人と同列に並べられ，それらは私的で内密，孤独を好むため滅多にすぐには発見されないが，もし適切で迅速な援助があれば，彼らの生命は保存され，死刑ではなく改悛の機会を得られるだろう，とする[13]。

ホーズは，一般市民にも，蘇生や協会の活動への理解を強く訴えかけた。彼の著書になる『公衆へ』において，腐敗の兆候が現れる前に，呼吸が止まった時点でそれを人間の「死」と判断し埋葬する当時の医学的判断・常識に対し，パリの医師モンスが30年前に著したとされる書『死の兆候の不確実性』を引き合いに出しながら疑問を呈している[14]。腐敗以外の死の兆候には，まだ生の原理が見られ，そのことにようやく共同体の理性的な部分が注意を払い始めた，というのである。多くの子どもたちが蘇生法により救出されており，そのような回復手段を無視した親は，その子どもの死刑執行人であり，そのような過ちを犯さないためにも蘇生法を実践することが重要だと訴える[15]。

オランダなどで蘇生法が成功している例を挙げ，イギリスが遅れを取っていることは恥であると挑発的に大衆に注目と協力を喚起している。

1774年の年次報告書でも，アメリカの薬剤師からホーズに宛てた手紙を紹介している。その中で，この薬剤師が，友人であるアメリカ人の医師にRHSのパンフレットを渡して数日後，溺水して仮死状態だった青年を，パンフレットの教示通りの方法で蘇生に成功した例を挙げ，協会の行う蘇生法の各地への広がりと貢献をアピールしている[16]。

そのうえで，自殺という大罪を犯させるのは悲惨であり，真摯で思慮深い心は彼らをそのような破壊から救いたいと切望するに違いない，として，次のように言う。

---

12) *Ibid.*, pp.3-4.
13) *Ibid.*, p.5.
14) *Ibid.*, p.3.
15) *Ibid.*, pp.5-6.
16) Hawes, *Plan and Reports*, p.38.

第1章　イギリス初の自殺防止・人命救助団体の出現とその活動　　121

「彼らの魂は創造主の前にはいかず、殺人の罪で汚される。〔彼らが救出されたならば〕彼らの親類も喪失感や恥から救われるだろう。彼らは自殺未遂を繰り返し、救いの手を避けるかもしれないが、これは一時的な狂乱で正気に戻れば助かったことを喜び、助けてくれた人に心から感謝するだろう。もし慈愛によって病院を建てることができたなら、悪徳の満足に身を任せる悪を取り去る事が出来、永遠の罪の瀬戸際から呼び戻すことができるだろう」[17]。

　自殺を「大罪」と断定はしているものの、それは一時的な「乱心」であり、慈愛によって「病院」を建てて治療することで「正気」へと回復させることが出来るものなのである。
　このように、設立「当初」から、明らかにRHSが自殺（未遂）者をその救助・蘇生法実践、心身の矯正の対象としていたことは特筆されるべきことである。ともすると、博愛事業史研究の中でRHSがわずかに言及されるさいにRHSがあたかも水難事故の救済のみを対象としたと思われる記述が見られるが、自殺未遂者は明らかに協会の蘇生事業の対象であった。生命は保存されねばならない。そのことに例外はない。ホーズは言う。

「人は自分の命や、自分にとって大切な人、公共の有益のために、大切な人の命を保存する義務がある。それゆえ、これは慈善（charity）ではなく、生命の保護手段（insurance of life）の一種とさえみなされるべきものである」[18]。

　心臓停止状態から蘇生させる実験的事業を目的とするRHSは、「死は絶対的な悪である」[19]という認識を基礎として、「病気の癒し（healing of decease）や死からの回復を目的とした」ものであった。しかしそれは同時に、「最も慈愛的で有用な（most benevolent and useful）」[20]社会的

---

17) *Ibid.*, pp.45-46.（亀甲括弧内筆者。）これは『嘆願書』でも言われていることである。
18) Hawes, *Plan and Reports*, p.46.
19) Hawes, *Ibid*, p.47.
20) *Ibid.*, p.47.

事業でもある。「有用」だというのは，先に述べた人口増大＝国富への貢献はもちろんのことだが，蘇生事業がいったん死んだと思われた自殺未遂者を含めた仮死者を生き返らせることによって，悲しみに暮れる遺族にかけがえのない存在を送り返すものにほかならないからでもある。ホーズは言う。

　「父のいない子に父を，未亡人に夫を，消沈した子どもに両親を贈ることができるのだ」[21]。

　このように救助された人の家族にとっての意義など家族の重要性が強調されるのは，多くの人々が他人の悲しみをわがこととして「慈愛(benevolence)」に満ち，協会に自由に参加し，援助してくれるように呼びかけたいためである。協会はそれ自体「慈愛的」行為の組織であり，慈愛を普及するものなのである。

　ホーズの提案で，協会は，この生命の保存の活動を具体的に進め広めるために，救助に関与した者に報奨を与えるとした。報奨には次のようなものがある。

　救助を試みた者——2ギニー
　蘇生に成功した者——4ギニー
　場所（身体受け入れ）を提供した者——1ギニー
　水辺近郊で無料の治療をする専門医——燻蒸消毒器の授与
　金銭の報酬を希望しない者——メダル

　メダルには，金，銀に加え，人工呼吸法の発案者であるフォザーギルのメダル等があった。またRHSは人工呼吸法の仕方について書籍を出版するなどして[22]，一般市民に対し，その活動への理解と協力を広く呼びかけた。こうして，慈愛心と慈愛行為の社会的普及を図ったのである。

（3）「一般救助施設」の要求
　しかし，そのためには具体的措置に要する場所や器具が必要であっ

---

21) *Ibid.*,pp.47-48.
22) Addeane, *op.cit.*, p.582 ; Olive Anderson, *op.cit.*, p.132.

た。ホーズは，具体的には，救急処置のために身体を入れてくれるところがなく，あったとしても付添い人は何をしていいかわからないし，偶然に医学者たちが救助しようとしたときにも，医療に必要なものもなく，道路から店などの床に運び入れたとしても，生気を回復させるのに必要な道具や薬がない，として「議会の権威と賛助により支援される一般救助施設」を要求する[23]。

費用は，一般，州または教区の増税により賄われるべきと提案されている。施設には，電動機械などの装置の他，知的な人材が必要として，議会の判断と権威によって指名された医学的集団の形成を要求する。ほか，施設に寄宿する医学を学んだ能力のある若者には給料が支払われるべきであり，他の専門家にも金銭上の謝礼が与えられるべきである，とする[24]。

そして何よりもホーズが強調しているのが，まずは公衆にこの重要な計画を理解させることが必要である，ということだった。「……現時点での私の第一の望みは，公衆に，蘇生の重要な計画に注目と尽力を促すことです」[25]。協会の活動は，一部の専門家ではなく，一般公衆に開かれ，結果として一般人が自殺防止活動に参加することが，蘇生や人工呼吸法の普及とともに目指されていた。

(4) 学校と市民の教育

そのためにも，この「一般救助施設」は，公衆に開放され，公衆に対して生命や蘇生について教育する場でなくてはならなかった。そこでホーズはこの施設を「仮死状態からの回復の術を勉強する学校（School for studying the art of restoring animation）」と位置づけた。学校の設立と詳細なプランについて以下のように計画する。

① 議会の権威と公費によって講義は受講できるようにし，医療器具は公開されるべきである。

② 講義は２クラスに分ける。一つは，対象の医学的，解剖学的検証

---

23) Hawes, *An Address*, pp.5-8.
24) *Ibid*., pp.12-13.
25) *Ibid*., p.15.「私の望み」の部分は，本文中では，自分を第三人称で he と表しているため，実際には「his firstwish（彼の望み）」となっている。

を含んだ，能力を利用するための組織的自然についてのクラスである。このクラスには，専門家の紳士は皆，自由に参加でき，授業料は公費でまかなわれる。二つ目は，もっと簡素な自然についてで，一般の人々によってなされ得る蘇生の過程についてなどであり，従って一般の理解に向いている。このクラスも，前者と似たように支援され，ある種の厳格さと義務づけのもと，広く公衆に開かれるべきである。

③ 制約と義務づけについて。制約とは，たとえば，受講生は学校の本に，名前や身分などを記載しなければならない。これにより，同じ人が何度も同じクラスを受けて，他の人が受けられない，という状況をなくすことができる。人間にとって有効で必要な科学を学ぶ中で，彼ら自身を改良する機会を誰しも奪われることのないようにしなければならない。

義務づけとは，最初に入学を許可されたクラスに規則正しく，出席しなければ，生涯に渡り，そこからの利益を受けることができないという罰を受ける。欠席する場合は，欠席の正当な理由や謝罪を，それなりの権威を認められている人に受理されなければならない。これらは，議会の英知のもと，促進されるべきであり，これらによって，早期の死と葬式を防止できるのである。そして，「私の熱望は，野心や好奇心からきているものではなく，地位や教育によって高められたイギリス国の臣民の利益のためという切望からなのである」，と結んでいる[26]。

このように，救助の現場，つまり生命の人工蘇生を施す場は，そのまままさに一般市民に開放された臨床教育の場であった。

また，教育活動の一環として，論文の公募などをも行った。ホーズによれば，それまで「医学的または哲学的紳士」を対象に，蘇生について最高の論文を著した人にプライズメダルの授与をしようと試みてきたが成功しなかったため，次には金・銀２つのメダルを用意して公募を行うなどしている。論文題目は以下のようなものであった。「腐敗とは無関係に人間の生命の消滅の強い兆候はあるか？　もしあるなら，それは何か？　もしないとしたら，腐敗は死の確かな基準なのか？」[27]であり[28]，

---

26) W. Hawes, *An Address*, pp.19-20.
27) Hawes, *op.cit.*, pp.32-33.
28) 「腐敗の開始」を死亡判定の基準とする原則は18世紀後半に確立し，脳死概念が登

第1章　イギリス初の自殺防止・人命救助団体の出現とその活動　　125

公表された審査員には，当時著名な医師であったフォザーギル，レッソムらが名を連ねる。優秀な論文執筆者には金，銀メダル（それぞれ5ギニーと2ギニーの価値）を授与するほか，論文を2本執筆した者には無条件でメダルを授与することになった[29]。これは蘇生原理の発展に貢献するだけでなく，医学生を刺激するものとして自覚されていた。

「早期の死を避け，未来にわたる人間の種の保存（preservation of Human Spiecies）のために注目すべき活動」[30]として行われたこうした熱心な普及活動により，1797年には，500人以上の自殺者が発見され，うち350人が蘇生させられた[31]，という。

1793年のホーズの論文の冒頭には，「RHSは，この王国，アイルランド，ヨーロッパ大陸の多くの地域，アメリカ，西インド諸島につくられたすべての人道協会の親とみなされるだろう」と誇らしげに記されている。そしてそこでは，「生命の保存について」という小節で，モラル，慈愛や宗教的視点の重要性があらためて繰り返され，「子どもを親へ，親を子供へ，夫を妻に，友人を友人に，共同体の価値ある構成員を社会的関係と幸福の輪を完成させるために回復させる」[32]ことが述べられている。

論文の最後にホーズは「RHSについての簡潔な熟考」として，協会の価値についてまとめている。

「まず最初に，人々の生命，特に海外貿易と商業の本国の国益に貢献している階級の人々の生命を保存することによる公的な福利促進のため明確に計画されている協会を，我が国にとっての良き市民と

場する20世紀後半まで西洋近代医学の内部で原則として維持されてきたといわれてきたが，（たとえば，市野川容孝・廣野喜幸・林真理編『生命科学の近現代史』勁草書房，2002年，95頁など参照。）この公募論文のテーマから，RHSの医師たちの間で，この時点ですでに腐敗以外での死の基準を模索しようとする姿勢が窺える。

29）Hawes, *op.cit.*, pp.31-35.
30）*Ibid.*,p.35.
31）G. Gregory, *A Sermon onsui-cide*, London, 1797, p.11. すでに1777年には，自殺未遂者28人中21人を救うことに成功したと，牧師の説教の中で報告されている。(Robert Markham, *A Sermon preached for the Benefit of the Humane Society*, London, 1777, p.vii.)
32）Hawes, *To the Surrey and London Dispensaries*, London, 1793, p.22.

して，真の友人としてわれわれは称賛せざるを得ない」[33]。

次に，「共同体に個人というものはない」と強調したうえで，しかし，市民としてではなく，男として，本協会を称賛する経験や理由を持つかもしれないことや，キリスト教徒としても仮死から仲間を救うために必要な組織なのだとし，以下の詩で締め括る。

　　われわれのやっていることは務め（task）なのだ
　　早期の死から，友人，恋人，親を救う素晴らしい務め
　　絶望の犠牲者を死から引き戻し，
　　改悛と祈りの手段を与えるのだ[34]

第2節　活動内容

(1) 年次報告書（Annual report）

協会は，設立以降，活動内容や資金，会員などの情報を掲載した報告書（Annual report）を毎年発行している。今回の調査で1774年の設立当初から18世紀末までのすべての年次報告書を収集し検討した。ここでは，当時の自殺に関する記事を以下に抜粋し，要約して掲載する[35]。

　　発行年　　記　録　内　容
1774, Case LX, 4月19日金曜日，マーチン・デグランドに住んでいる労働者であるジョン・ハントとサフロン・ヒルのジョン・デイは，朝の5時頃，一人の中年男性がコルブルーク・ロウの裏の池のそばを歩いているのを見かけた。突然，男の姿が見えなくなったので，二人は男が飛び込んだと思い駆け寄った。男性は池の真ん中ぐらいにいたが，彼らは彼を引き上げた。男のポケットの中はレンガでいっぱいになっていた。彼をカス

---

33) *Ibid.*, p.345.
34) *Ibid.*, p.345.
35) 長文の記事について簡略するさい，「中略」や「……」などの表示は割愛した。また，事件番号が付記されていないものについては番号は省略した。

第 1 章　イギリス初の自殺防止・人命救助団体の出現とその活動　　127

トレドン氏の家まで運び，ありとあらゆる処置をした。2-3日後も，男は口を開かず，おぞましい目的が果たせなかったことに落胆しているようだった。しかし，近隣の牧師が，彼の隣で祈り，彼に真摯に関わるという信心深いケアによって，彼は彼の犯罪についてのまともな感覚を持ち始め，ついに話をするようになった。男は人生が辛く，自殺を図ったのだった。男は落ち着き，人生をやり直すと決め，もう二度と将来，自殺をしないと約束して立ち去った。このパブの主人と2人の労働者は，当然ながら表彰された[36)]。

1774, Case Ⅲ , 1774年6月14日，ジェーン・ドネリー，グリニッジのペンションの住人の妻が逆上し，首つりをするという絶望的な解決法を選んだ。彼女は呼吸停止の状態で動かず完全に死んだように見えたが，15分間摩擦した後，呼吸が戻った。最初は大変興奮して叫んでいたが，翌日には不満を言うことはなかった[37)]。

1776, Case LXXXI, 25歳のアン・ラッセルは，テムズ川に身を投げるのを何人かの男に目撃された。水位が低かったので，彼女はその試みに失敗したが，立ち上がってぬかるみを走った。それからもう一度，憂鬱な行為を繰り返した。溺れるというより，彼女はぬかるみで窒息した。彼女を目撃したのは，ヘンリー・スミスら水夫であった。彼らは直ちに駆けつけ，彼女を引き上げた。彼女は聖マーチン・ワークハウスに運ばれた[38)]。

1778, Case CCIV, 彼女を引き上げた甲板員は，彼女が身投げしたことを私に教えてくれた。彼女の脈は弱く，身体は冷たかったので，私は強心性の混合物を与えた。彼女は今や平常に話すことが出来るようになった。お金もなく，衣服もなく，友人もなく，すべてを奪われた状態で彼女は三昼夜さまよった。これが彼女をそのような絶望的な状態に駆り立てたのだ。私は彼女の兄弟に連絡をし，彼女の悲惨な状況を知らせた。嬉しいことに，彼は彼女との関係を認めただけでなく，他の家族と協力して，彼女の世話をしてくれることになった。そして彼女の裕福な兄が，もし彼女が故郷に帰り，彼女の母親と住みたいなら，彼は彼女の入用なもの

36)　RHS, *Annual Reports*, 1774,（以下 *Reports* と略記）pp.7-8。また，記録には，通常の協会による記録と，救出者からの RHS またはホーズ宛の書簡形式のものがある。
37)　Hawes, *Plan and Reports*, pp.18-19.
38)　*Reports*, 1776, p.39.

について年払いすると申し出たのだ。彼女は喜んでこの申し出を受け入れ，回復するやいなや，ロンドンを離れた。しかし私は，この予期せぬ幸福な出来事は，あなたのような人の心に特別な喜びをもたらすであろうと確信する。それは，このように悲惨な人生はないけれど，われわれのそれを救いたいという熱望は価値があることを証明している[39]。

1778, Case CCVIII, 失望した女性が，イズリングトンのスパ・フィールドの貯水池に身投げした。彼女はジョン・ナグルとダニエル・ドネヴァンに目撃され，彼らは池に入り，彼女をなんとか助け出した。それから彼らは，彼女を教区のワークハウスに運び，そこで彼女は暖かく迎え入れられ，すぐに回復した。彼女は自分が犯した罪を後悔し，もう二度と繰り返さないと約束した[40]。

1778, Case CCIX, 聖メアリー・オヴェリーのワークハウスに所属している哀れな女性が，正気を失い，ナイン・エルムズの近くのテムズ川に身投げした。水夫ウィリアム・ミラーは，叫び声を聞いて，その場所まで船を漕いで行った。ミラーはコートを脱ぎ，川に飛び込んだ。彼女は回復し，ワークハウスに運ばれた[41]。

1778, Case CCX, スザンナ・シェリー，17歳で，デンマーク通りのスワン氏の使用人であるが，イズリングトンの貯水池に身投げした。彼女はクラーケンウェルのワークハウスに運ばれ，外科医のジョナサン・ヘインの処置を受け，回復した。しかし，翌朝まで話すことが出来なかった[42]。

1778, Case CCXXVI, 乳搾りの女性がニューリバーに身投げし，ジョン・テイラーらによって救出された。彼女は夫に殴られた結果の病気を治療しなければならず，人生に疲れていたと私に話してくれた。上記のジョン・テイラーらはかなりの表彰に値すると考えている[43]。

1778, Case CCXXVII, ジェーン・ストラッティは，失望した状態でブリルのそばの池に身投げし，非常に危険な状態にあった。ピーター・ジェウメイドによって発見された。彼は他の援助者らと，彼女を近接したハウス

---

39) *Reports*, 1778, pp.18-24.
40) *Reports*, 1778, p.25.
41) *Reports*, 1778, pp.25-26.
42) *Reports*, 1778, p.26.
43) *Reports*, 1778, pp.39-40.

へ運んだ[44]。

1783, 親, 息子, 妻から引き離されることはどんなに辛いことだろう。命を助けることは家族にとっても喜ばしいことだ。不幸な運命を背負う者を自殺という罪から救うことが出来る[45]。

1783, Case CCCCIX, 私は自殺をしようとした不幸な女性のもとに行った。首吊りをして30分気を失っていたが, さまざまな方法を試みた。ブランデーを与えたり, 煙草の煙を口に吹き入れるなどした。彼女は現在, 身体は健康になり, 心は穏やかになり完全に回復した。

1783, ウエストミンスター橋を通りかかったとき, 身投げをした男がいた。かなり重体だった。しかし, HSで教えてもらった措置を1時間以上続けると回復の兆しが見え, 脈が戻った。

1784, Case CCCCLXXXIV, 26歳のT.Uは, 2–3週間前から死ぬことを考えていて, 首吊りをした。家族が発見し, 私が彼のところに向かい, 3人の男性に強くさすらせた。翌日, 回復した。一時の衝動から「自己殺害 (felo de se)」を決行したのであるが, 彼は狂気 (lunatic) だったのだと思いたい。

1785, HSが設立されて以来, 自殺というおぞましい犯罪を試みてきた多くの人たちが蘇生されてきたことは, 注目するに値する[46]。

1786, Case 561, ホーズ先生　1786年8月12日, 投身自殺をしようとしたS. W. S. さんの回復をお伝えすることを嬉しく思います。先週の日曜日, ジョージ・テイラー氏が私のところに来て, ホールデンズレントに行ってほしいと強く望みました。彼女は15分間水の中にいて, 明らかに死んでいて, 水の中から引き上げるのはとても困難でした。さまざまな方法を積極的に試みた結果, 息を吹き返す兆候を見て, 私は嬉しく思いました。彼女は痙攣がひどく, 手足が大変冷たく硬くなっていました。(中略) HSによって推奨されているいろいろな方法を45分間程試した結果, 彼女は大分回復してきました。翌日, 彼女を診たとき, 胃痛がひどかったので, 私は揮発性の調合薬を与えました。水曜日, 彼女は殆ど回復し

---

44) *Reports*, 1778, p.40.
45) *Reports*, 1783, pp.x-xii.
46) *Reports*, 1785, p.6.

ていました。そして彼女は私のケアと看護に大変感謝してくれました[47]。

1786, Case, 566, 不運で落胆した若い女性が、昨日の夕方、投身自殺をしようとしました。私はできるだけ早く来てほしいと呼ばれましたが、私が到着する前に、処置が施されていて、彼女は息を吹き返していました。テムズ川から彼女を引き上げ、回復させた人たちは、HSから表彰を受けるに値します。ジェイムズ・ウッドワードは、彼女を寝かせるために自分のベッドを提供してくれました。私は、関わってくれたすべての人々が、快活に援助してくれ、彼らの迅速な尽力のおかげで、彼女の生命が回復したことを嬉しく思います[48]。

1787, Case 612, 首吊りをした女性についての報告。恥と絶望の感情が、その不幸な女性に暴力による恐ろしい解決を決心させたのだ。彼女は妊娠していたことで、悪魔のように扱われた。誘惑される前は、評判の良い召使だったのだ。ハドソンやブラッドレイたちの介護により心の平静を取り戻した。回復後は神の慈悲を身にしみて感じていた[49]。

1787, Case 614, 夫に捨てられた妊娠7ヵ月の女性が絶望して首を吊った[50]。この町の外科医の助けによって救われた。救助後、牧師が彼女を頻繁に訪れ、彼女も悔い改めている。良い家族と生活を共にし、礼儀正しく生きている。「早すぎる悲しみから友人、恋人、母親を救うことがわれわれの使命である。絶望の犠牲者から死を取り去り、悔悛と祈りへの道を導くことが」。本協会の活動的な仲間である。これらの若い人たちと、上記の救出に関わったすべての人たちはRHSにより表彰された[51]。

1789, Case 691, ウィリアム・ストレットンが池に飛び込んだ女性を救出した。ロンドン病院へ運んだ。現在、彼女は悔い改めているようで、私は彼女に、幸運を神に感謝するように諭した[52]。

　以上、18世紀の報告書の中の自殺に関する記事を拾い上げた。これ

---

47) *Reports*, 1786, p.91.
48) *Reports*, 1786, p.94.
49) *Reports*, 1787, p.17.
50) 当時の女性の処遇については、ブリジェット・ビル『女性たちの十八世紀——イギリスの場合』福田良子訳、みすず書房、1990年参照。
51) *Reports*, 1787, p.20.
52) *Reports*, 1789, p.294.

第 1 章　イギリス初の自殺防止・人命救助団体の出現とその活動　　131

ら以外にも，18世紀を通して自殺に関する記事がある。ディヴィッドソンは，18世紀に RHS が果たした自殺防止の役割についてはまったくといってよいほど言及していないが[53]，以上を見ただけでも，現実に，RHS が自殺未遂者救助・自殺防止に貢献していたことは明らかである。単に自殺未遂者を救出し，蘇生させていただけではなく，見てきたように，自殺未遂者のその後の治療や精神的ケアも行っていた。自殺未遂者の話を聞いてやり，家族との間に入り，家族関係まで回復させてやる事もあった。最終的には，ほとんどのケースで，自殺未遂者が心を開き，自殺を犯罪だと認識し，もう二度と自殺など試みないと判断させる事が出来たことが報告されている。救助に関わる医師や牧師は協会の会員として登録していたが，通りがかりの人など一般人も積極的に救出，ケアに関わっていたことが窺える。救助に携わった一般市民は，実名で掲載され，報酬と称賛に値するとされており，RHS のこのような行為が，一般市民を自殺防止や人命救助へと奮起させるものとなり，自殺を未然に防ぐ役割を果たしていたのである。そしてこのような活動全体が，一般市民に「自殺は犯罪であり，未然に防止することは称賛に値する」という一定の心性を植えつける教育活動であったともいえる。

　アンダーソンによれば，協会は19世紀以降も拠点を増やし，自殺防止としての活動を存続・拡大している。アンダーソンは，「ハイドパーク内のサーペンタイン池は自殺の名所であり，RHS が18世紀末からその場所を「受理」して，ボートマンを雇い，監視を続けた」とする。実際，自殺をしようとする者は，レスキュー隊が来るのを恐れていたという。また，RHS の救助指導キャンペーン活動や訓練活動により，19世紀末にはアマチュアの救助隊が増大し，通りすがりの人に自殺未遂者が救出されるという報告もあった[54]。このような，協会とその教育・指導を受けた一般人による「監視」活動も，「自殺防止」の役割を果たしていたと考えられる。

---

53)　本書序章参照のこと。
54)　Olive Anderson, *Suicide in Victorian and Edwardian England*, Clarendon Press, 1987, p.132.

(2) ジャーナリズムの反応

　それでは，さらに当時の RHS の社会的評価を確認するため，ここでは当時の代表的な新聞記事の RHS についての記述を検討したい。1774 年から 18 世紀末までの『タイムズ』とその前身である『デイリー・ユニヴァーサル・レジスター』，『ジェントルマンズ・マガジン』をすべて調査したところ，いずれにおいても RHS が複数回取り上げられており，当時，その事業が称賛されるものと評価されていたことが判明した。以下に具体例を示したい。

　新聞『タイムズ』の前身である[55]『デイリー・ユニヴァーサル・レジスター』は，1786 年 11 月にはすでに RHS（当時はまだ王認される前で HS であった）についての記事を登場させている。記事では，スタンフォードの川で溺れた少年を救出した男性が，RHS により推奨されている蘇生方法を実行して，まさに死んでいるような状態のこの少年を回復させたことが紹介され，この技能は，仮死状態からの蘇生が可能なのだということを証明し，また，深い慈愛と結びついた称賛さるべき行為であるとされている。そのうえで，1774 年にこの王国に RHS が設立される以前にはいかに多くの助かるかもしれなかった人々が死んでいったことか，として RHS は称賛されているのである[56]。

　1786 年 7 月，雑誌『ジェントルマンズ・マガジン』においても，RHS についての詳細な記事が掲載された[57]。およそ 2 頁に渡るその記事では RHS の活動および内容が紹介されている。RHS は，この 12 年間で，社会（community）から失われていたであろう 850 人もの人々の命を救った。RHS の「慈愛的関心（benevolent regard）」は，貧民だけを対象とするものではなく，その目的は，すべての階層の人々に対し救出活動を拡大，普及させることにある，と記されている。また，真の愛国者は，「生命の保存」のために尽力する協会の活動が王国全体に拡大することを望んでいる，とされる。人間本性には，他者の苦痛に対する共

　　55）　村上直之『近代ジャーナリズムの誕生――イギリス犯罪報道の社会史から』岩波書店，1995 年，96 頁。

　　56）　*The Daily Universal Register*, 2 November 1786, London.

　　57）　"Benevolent Address in Behalf of the Humane Society" *The Gentleman's Magazine*, July, 1786, London.

第 1 章　イギリス初の自殺防止・人命救助団体の出現とその活動　　133

感や他者の痛みを和らげたいという切望があり，本協会によって提供される救出活動は，そのような共感や切望をかなえ，悲惨を排除し，人間の幸福に貢献するものであり，その卓越性の証明については議論の余地もない，とまで称賛されている。

　同記事では，当然ながら自殺についても論じられている。自殺は自らの存在を終わらせる行為であり，神に対する攻撃である。それゆえ自殺未遂者に関しては，彼らの命を救うだけでなく，その罪に気づかせ，改心させ，再発を防止することが必須であるとされる。そこで，RHSによって救出された自殺未遂者は，二度と自殺未遂を繰り返さないこと，それだけではなく，救出者全員に，彼らの受けている神の慈悲に気づかせ，余生を神に捧げて生きるように決意させるために，聖書と『宗教的生活の偉大なる重要性 (The Great Importance of a Religious Life)』を配布する RHS の教育方針を絶賛しているのである。

　1783 年にはロンドン市が RHS に 100 ポンドの寄付をし，翌 1784 年にもまた同額の寄付がされたこと，それによって協会が「一般救助施設 (General Receiving House)」に必要なものを購入したことなども記載されており，広く読者にも寄付への参加を呼びかけるものとなっている。最後の結びはこうなっている。

　　「公衆や子孫はなんというだろう。社会において本当に多くの価値ある，有益なメンバーの生命を回復するという神の手段 (providential instrument) でありつづけた称賛すべき協会が，もし，富裕者の慈愛や援助の欠落によって衰退するとしたら！！！」[58]

　じつは，同年 4 月の『ジェントルマンズ・マガジン』では，「自殺という犯罪を弁護することの危険性」[59] という記事が掲載されていた。そこでは自殺が最悪の罪であり，近年あまりにもしばしば起きており，決して賛同されてはならないものであることが強調されている。モラルや宗教的観点から，自殺者は生前の善き行いもすべて廃棄されてしまうと

---

　　58)　*Ibid*., p.540.
　　59)　"Danger of Palliating the Crime of Suicide" *The Gentleman's Magazine*, April, 1786, London, p.311.

される。「弁護することの危険性」というタイトルから，当時増加してきた自殺擁護論者などへの反発が含意されていると見てとれる。これらの記述が，当時，自殺者が増えていると考えられていたこと，自殺防止対策の必要性がモラルや宗教，慈愛との関係で論じられていたことを示していることはたしかである。この事態が認識されてなおいっそうRHS の活動が上述のように推奨されることになったのだ。

このように，当時のジャーナリズムの RHS に対する反応を拾い上げただけでも，以下のことが確認される。まず，当時のイギリスでは自殺者が増加している，という認識があったこと。これに対し，モラルや慈愛との関係で自殺防止をする必要性が主張されていた。そのような中で，RHS による仮死者の蘇生，自殺未遂者救助と彼らに対する教育などを中心とした慈愛活動が称賛され，広い普及が期待され，その普及活動はジャーナリズムによっても後押しされるなど，RHS は当時のイギリスにおいて，注目される協会であったということである。

第 2 章
RHS の思想と教育
―― コーガンとグレゴリーを中心に ――

第 1 節　コーガンによる情念論・人間論

(1) 自己愛 (Self-Love) と慈愛 (Benevolence)

　これまで RHS 設立の背景にあった自殺論争を擁護論，批判論，医学的自殺論に分けて時系列的に検討してきた。その結果として，「心神喪失」という裁判結果の増加に伴い，自殺が医療化されてきた過程が明らかになったわけだが，その自殺論争の果てに，何が起こったのか。ここでは，それを体現しているあるいは自殺論争の一つの結果として誕生したともいえる RHS 自身の自殺観や教育観，人間観を検証する。RHS の設立者の一人であるホーズによる設立趣意書，計画書については，すでに前章で検討済みである。そこで本章では，RHS のもう一人の設立者であり，ホーズのパートナーとして活躍し，人間情念について，詳細な論考を著した医師コーガンの思想を取り上げる。

　コーガンは，まず真実 (truth) の重要性について確認する。真実は不変であり，すべての明証は真実を尊重し，真実はもろもろの事物を尊重し，その存在を存在たらしめている[1]。「真実は重要だ，なぜならそれはわれわれの幸福 (Well-being) に影響を与えるかもしれない存在や関係を尊重する。そして真実なくしては幸福は決して維持されない」[2]。そのコーガンにとって，人間の徳において，最も称賛されるべき徳は慈愛

---
1) Cogan, *Ethical questions*, London, 1817, pp.4-5.
2) *Ibid.*, p.5.

（Benevolence）である。そしてその慈愛と自己愛の関係も含めてコーガンは論じてゆく。他者の望みなどのために自分自身のことは忘れることは，神のように神聖な行為であり，最も高い賛辞に値する。これが慈愛である。善悪，称賛に値するか否かは，結果ではなく動機による。悲惨や切迫した危険から他者を救ったときにわれわれは満足し，同時にその動機が博愛で私欲のないものだったことに喜びを感じる。たとえば，大変な危険に遭遇している人を目前にしたとき，自分自身の安全は忘れ，その人を救出できる可能性のことしか考えない。また，消沈した人の苦悩を共有するのは慈愛の心からなのである。そしてこのような幸せを楽しむことができるのは，慈愛の原理が活発な（vivid）自己満足と共にあるからだ，という。「なぜなら，慈愛によってなされた骨の折れる仕事が成功したので，私は私自身に報酬の称号を与えたくなる。そして私は，私が報酬のことを考えなかったので，その称号はもっとすばらしいのだと知っているのだ。私はそれを自然の博愛的報酬として受け取る。そしてそれは私がそれを形成し得たどんな概念より勝っているのだ」[3]。自分の安全を顧みず，危機に直面する他者を救うこと，また，そのさい報酬など考えもしないことで最も称賛さるべき慈愛の行為となるのだが，それは自己満足に繋がっているという。

　コーガンは，自己愛は多くの場合，社会的なものと結合しており，われわれは他者に利益をもたらす一方で自分に利益があることを喜ぶ。そして自己愛はわれわれの動機がまったく私心のないものであるという自己満足に導く，とする。自己愛が情念の第一原理であり，慈愛はそれに従属するものであるのだ[4]。

　報酬に無関係の慈愛――その最高の情念行動の実践者として RHS が取り上げられる。RHS では，最初は思慮を欠く無関心な人を報酬によって刺激する。そして救助の成功が，より高貴な源から彼らを鼓舞させる。このようにして慈愛が大事にされ，同様の人々が，元々の刺激で

　3）　*Ibid*, pp.88-89.
　4）　*Ibid*., pp.98. また，白水浩信は，啓蒙の世紀における許容されがたい過剰な自己愛を体現するものとしてマスターベーションが理解され，矯正，統治の対象となったことについて詳細に論じている。(白水浩信『ポリスとしての教育』東京大学出版会，2004年，pp. 205-221，参照。）

あった報酬を誇り高く辞退するようになるのだ[5]。RHSでは，このような人間行動の段階づけにより，自己愛から産まれる慈愛の育成が計画され実践されていた。

(2) 自己愛と教育

コーガンは，慈愛の源が自己愛であるか，あらためて問いを立てて検証している。既述の論理の繰り返しになるが，まず，人間の行動の第一原理は自己愛であると再度確認する。これは初期には単独で存在していて，本来その欲望と期待は非理性的であり途方もないものなのだが，個人的な愛着（personal attachments）が加わると，それが自己愛の過剰を中和する役割を果たし始めるのである[6]。

「われわれはいつでも，われわれが心から愛着を抱いている相手を喜ばせることを熱望している。そして彼らに必要な犠牲を払うことの喜びでさえ楽しむのである。これが慈愛の始まりなのだ」[7]。

人は他者への愛によって，自分自身の外へ引き出されるのだ，という。また，初期の幼年期には，他者に無関心であるが，その後に周囲から受けた愛情により他者の好意を知る。ここから両親への返礼として子どもの愛情が生じたり，相互援助と相互の楽しみから兄弟の愛着が生まれる。コーガンは，家庭は慈愛の養育所（nursery）である，という。このように家庭内から社会的関係のある人へと慈愛は広がっていくのである。このような愛は，原初の自己愛とはまったく異なる性質なのである。高められた自己愛は，その原初の性質とはまったく反対の働きをするものなのだ。堕落した心では自己愛は最も猛烈で専制的な原理であるが，それを征服したことに満足が得られる[8]。コーガンは，このように自己愛に対して明確に肯定的立場をとっている。自己愛の原理なくしては，人生のすべての事象は無味乾燥となり，習慣上の大部分の情

---

5) *Ibid.*, p.99.
6) *Ibid.*, p.100.
7) *Ibid.*, p.100.
8) *Ibid.*, pp.101-102.

動 (affection) は消滅する。そしてじつは，慈愛も，精錬された自己愛 (refined Self-Love) の類いにほかならない。

ここにすでに，コーガンの人間把握は明確である。自己愛という情念が人間存在の基本であり，これが故に，他者の恐怖や悲しみや苦しみを自分にも起こり得ることとして同情 (compassion) することを可能とし，この同情がそれ自体慈愛・慈善 (charity) を構成するのである。自己愛は慈愛に繋がっている。

しかしながら，「過剰な自己愛 (inordinate Self-Love)」は自己中心的情念 (Selfish passion) に通じる，とコーガンは言う。そのため，自己愛，ひいては情念のコントロールの必要性が生じる[9]。ここに，情念を精錬するものとしての教育の役割が強調されることになる。

慈愛，そしてその基礎としての同情・共感 (sympathy) を唱導することは1783年にRHSで行われた他の牧師による説教の中にも見られるところだが，次節で検討するグレゴリーを含め牧師たちの説教においては，コーガンのようにその同情・慈愛の基礎を「自己愛」に積極的・肯定的にもとめる素振りは見られない。むしろ，「自己愛」は神の原理に対抗的な「自己中心的原理 (selfish principle)」[10]の側に想定されているように見受けられる。

自己愛を明確に肯定しそれが教育によって精錬されるとしていることが，コーガンの議論の特徴を成しているといえる。

彼によれば，人間は生来的に善を嗜好する傾向を持っており，これはその人自身による満足や喜びにより構成されている。そしてそれを理解させるのが教育なのである。教育は，一般的な，あるいは卓越した知識の獲得によって，思考を広げ，心を改良する。教育は，無学者には知られ得ない多くの事象との親密な関係へと導いてくれる。多くの事象を知ることによって修養された (cultivated) 心は，追究するすべての事象に快を見出し楽しみを増やすことができる，という。

そうした教育のさいに情念の精錬にとって重要なことは，経験と習慣

---

9) T. Cogan, *A Philosophical Treatise on the Passions*, London, 1802, pp.239-242; T. Cogan, *Ethical Questions*, p.109-123.

10) たとえば, John Hadley Swain, *A Sermon for the Benefit of the Humane Society*, London, 1783 など。

である。国民の習慣，マナー，教育などはすべてモラル的影響の現れであるとするコーガンは，若い人や未経験な人は単純な事象に影響されがちであるとして，まず経験の重要性を主張する。経験は，われわれに，所有する価値のあるものと，責を負うべきものとを教えながら，希望と恐れの情念を導いてくれるものなのである。また，教育を受けていない人間は，モラル的感覚が見られず，悪い手本と悪徳の習慣により破壊されるとして，次に習慣の影響の重要性を強調したうえで，早期の絶え間ない改心（reformation）によって回復する必要を述べ，それは青年期と子ども期においてが効果的である，と述べている。

コーガンにとって，RHS は，人間存在の基本である自己愛という情念の精錬されたものとしての慈愛という人間的価値を体現し普及する組織である。すでに述べたように RHS は，協会の蘇生事業に貢献した者への報奨を協会の活動として行っていたが，これもコーガンによれば，自己愛の原理を計算してつくられたものである。最初は無関心な人を単に報奨によって動かす。そして成功はより高貴な根源から人の喜びを鼓舞し，このようにして自己愛は育まれ慈愛へと精錬され，もともとの刺激であった報奨を拒否するまでに至るのである，と。

また，RHS は社会の情念を精錬する教育的活動の一環を担うものとして，「過剰な（尋常でない）情念」に起因する事象に対峙する。コーガンによれば，生命への本能的な愛着は，すべての人間，動物に共通であるので，人は殺人行為に恐怖心を抱くのだという。その点では，殉教も含む，自身の生命を危険にさらす自殺行為はまさに「過剰な（尋常でない）情念」に起因していると断定される。それは，彼に割り当てられた持ち場を放棄する性急な行為なのだ。そこで自殺防止のために情念を制御する教育が要請されるのである[11]。

第 2 節　グレゴリーによる教育論・モラル論・自殺論

次に検討するのは，RHS のもう一人の立役者，英国国教会牧師であ

---

11) T. Cogan, *Theological Disquisition in the Characteristic Excellencies of Christianity*, London, 1813, p.78, T. Cogan, *Ethical Questions*, p.121.

るグレゴリー（George Gregory, 1754-1808）である。グレゴリーは，RHS に精力的に貢献したといわれているが，当時の捨て子養育施設であったファウンドリング・ホスピタル[12]の専任牧師でもあるなど[13]，活発に社会活動を行っていた人物である。グレゴリーには，『自殺論』のほか，『教育論』やモラルについての著作もある。そのグレゴリーは，1797 年の RHS の記念祭において，「自殺について」という説教をしている[14]。

グレゴリーは，説教の中で，まず，自殺は「大罪」であるとし，その原因には二つある，とした。まず一つ目は不信仰，そして二つ目は教育である。最近の自殺の増加の原因を，不信仰はもとより，当時蔓延しつつあった間違った教育にもとめているのである。

そこで，ここでは，このグレゴリーの自殺観，教育観，モラル観について見ていきたい。彼は，流行の教育では，うわべだけで派手な軽薄な完成ばかりが，堅実な知や，謙遜の美徳よりも普遍的に好まれている，と批判する[15]。教育のあり方を変えることが自殺の増大に歯止めをかけることだという認識において，『教育論』はグレゴリーにとって重要な論題となる。自殺抑止の方法として，教育の改善が進められねばならないのである。

(1) 教育について——学校教育と幼児教育

グレゴリー『教育論』[16]において，まず，家庭教育（private education）と学校教育（public education）とでは，どちらがのぞましいか，当時の議論を基に整理がなされる。

---

12) ファウンドリング・ホスピタル（捨て子養育院）については山口真理「18 世紀イングランドの捨て子処遇における『家族』と『教育』——ファウンドリング・ホスピタルからハンウェイ法へ」『日本の教育史学』第 43 集，2000 年参照。1777 年には，ファウンドリング・ホスピタルの設立者であるヨナス・ハンウェイ（Jonas Hanway）が RHS の理事入りをしている。

13) 'Gregory George' *National Biography on CD-ROM*, Oxford University Press, 1995.

14) George Gregory, *A Sermon on Suicide*, London, 1797.

15) *Ibid.*, p.20. ここで批判されているのは，当時流行していたマナーの教育であると考えられる。（安川哲夫『ジェントルマンと近代教育——〈学校教育〉の誕生』勁草書房，1995 年参照。）

16) George Gregory, "Of Education" *Essays Historical and Moral*, London, 1788.

第2章　RHSの思想と教育　　　　　　　　　　　　141

　学校教育では，独りだけの家庭教育と異なり，仲間と共に労苦を乗り越えることが出来るし，生徒は一人の教師からだけではなく，他者からも学ぶことが出来る。家庭教育のチューターは，必要な権威に欠けるが，パブリック・スクールの教師には，それが法的に授けられている。美徳は，家庭教育によってこそ神聖に保存される，という議論がある。社会により，子供時代の不適切で愚かなことが増加するかもしれないが，よく統制された学校では，人間としての悪徳を獲るということはまったくないのである。社会から隔絶された美徳は，実際には有用ではない[17]。このような議論の他，グレゴリーは，学校教育に対する一般的な批判として，学校がしばしば大都市に設立されるため，美徳や健康が破壊されるとか，生徒が多過ぎて教員には彼らのモラルや学びを伸ばす世話が出来ない，「男」になり始めないといけない時に，「少年」として学校に長く居すぎる，などを挙げる。そして，これらの罵倒に対する解決策は明らかである，という。まず，田舎に設立し，生徒の数を制限すること。生徒を構成されたセミナリーにできるだけ早く入れ，適切な時間で学校教育を修了することができるようにする。16歳になる前に，厳格な私的チューターにつかせること，そしてできれば，同じコントロールのもと，大学に行かせること，とする[18]。

　「これらの制限の下，私は学校教育の方が全体としてのぞましいと明言する」[19]。

　学校教育を支持する立場を明確にした上で，学校では，どのような環境でも博識を得ることが出来ることなどを挙げる。

　「教育の目的は「徳（virtue）」と「実用的な学び（useful learning）」である。後者は，生活に楽しみを付加し，生活の利便性を獲得することを可能にする，そして前者では，これらは輝きも楽しみを提供することはできない。これらは当然連結している。教育のコースの

---

17)　*Ibid.*, pp.290-291.
18)　*Ibid.*, pp.292-293.
19)　なお，当時の公私教育論争については，安川前掲書，参照。

間に，それらをどう保存するかが主要な問題なのだ」[20]。

　グレゴリーにとって，教育の目的は「徳」と「実用的な学び」であり，この二つは一つのユニットとして連結している。それらをどう獲得するかが学校教育の主要な狙いとなるというのである。
　子どもたちの気質や性質が，学校に入る前に，すでに回復できないほど荒廃させられている，と多くの教師たちはぼやいており，両親と何もせずに数年間過ごした後で，教師たちが子どもを矯正回復させられる例は殆どない[21]。

　　「もし私が間違っていなければ，気質の悪徳は，一般的に人々が考えるより早期に植え付けられ，情念と偏見の多くは揺籠から始まる」[22]。

　グレゴリーは，教育の主要な目的の一つに徳の習得を挙げていたが，悪徳は早期に植え付けられ，情念と偏見は乳児の時からすでに始まっている。そのため，その時期に不適切な教育環境で育てられることで，子どもは就学後も回復できないほど荒廃させられているのだ。
　では，何が問題なのか。

　　「幼児が泣いているとき，心配し過ぎる母親は，決して正しく原因を探そうとせず，愚かしく適切でない媚や愛撫でそれを静めようと努める。私は，私たちの幸福に最も興味を持っているとわれわれが思っている人をからかうように促す，ある種の非常に悪意的な機嫌ほど早期に現れる情念や習慣（habit）を私は本当に知らない」[23]。

　泣く幼児に対し，泣いている原因を探さずにあやしなだめること。そして，われわれが，われわれの幸福を願っている人をからかう，という

---

20)　Gregory, *op.cit.*, p.294.
21)　*Ibid.*,pp.294-295.
22)　*Ibid.*,p.295.
23)　*Ibid.*, p.295.

行為は，最も早期に現れる悪質な情念や習慣によるものなのである。
　さらに続ける。

> 「そして私は確信しているのだが，この傾向は，不機嫌な幼児をなだめて機嫌をとるという愚かしい慣習によって，完全に生じさせるものではないとしても，少なくとも，かなり促進されているのである。両親はこの間違った人情によって，彼らの子どもの中に悲惨と悪とを積み立てていることにまったく気づいていない」[24]。

　グレゴリーによれば，親が幼児の機嫌をとるという行為が，子どもらの中に悪しき情念を育てることになる。幼児の能力は，すぐに経験により益を得るようになるのだが，知識の上部構造は，子どもの最初の認識や印象の上に構成される。幼児は，彼らが耐えることを学ぶであろう人生の悪について，早期から感じることを許されるべきなのだ[25]。
　そのため，幼児が苛立っているときには，本当の原因が（可能であるならば）取り除かれるべきであり，母親やナースによる意味のない無駄話や愛撫は良い目的には向かわないのだ。もし幼児が原因なく苛立っているときには，一人にして放っておくことにより，機嫌はまたよくなる。そして，苛立っても誰も相手にしないことがわかれば，このような行為を二度としなくなる。このようにして，忍耐と良い気質のための上部構造の最良の基盤が作られる[26]，というのである。
　この文脈で，ロックが「人間本性の最高の判断者であるジョン・ロック」と称賛され，ロックの『教育論』の第111節が取り上げられる。そこでは，幼児の泣くのは強情か不満であり，強情に対しては矯正されるべきだ。不満については，原因が取り除かれるべきであり，子どもを憐れむ必要はない，というロックの論が紹介される。このロック『教育論』の熟読を読者に推奨し，「恥」の内面的効果が論述されている第113節がわざわざ取り上げられてもいる[27]。

---

24) *Ibid.*, p.295.
25) *Ibid.*, P.295-296.
26) *Ibid.*, p.296.
27) *Ibid.*, pp.290-296. ロックが強情に対する矯正・懲治として体罰を推奨し，子ども

グレゴリーは，キスや愛撫は幼児の幸福を増加させないことを何度も繰り返し主張しながら，次のように続ける。幼児の「野蛮さ」は堕落の始まりであり，生き物の苦痛に快楽を感じることのできる心には，決して正義（justice）や慈愛（philanthropy）は宿らないことが力説される。残虐性の習慣は，公的にも私的にもすべての徳への扉を閉ざしてしまい，すべての気高く寛大な感情を根こそぎ引き抜き，悪事，放蕩と極悪非道を生み出してしまう。この意味でも，甘やかすことなく，子どもには共感，寛大，慈愛，正義こそが絶え間なく教え込まれねばならないのである[28]。

グレゴリーは，時代の愚行や放蕩の多くは，教育の深みのないやり方に原因があると確信している，と断言する。若い両方の性がつまらないことを追求して無駄にしている時間は，真実の知の獲得をする時間となるべきなのだ。グレゴリーは教えるべき内容について具体的に示していく。悪徳の防止に特別に効果があるのは読書と科学であり，宗教的畏怖の裁可のもとで教え込まれる必要がある，とする。当時，自殺が流行していると認識され，グレゴリーが別に自殺についても説教をしていることから判断すれば，「時代の愚行」には自殺も含まれ，「悪徳の防止」とは自殺の防止でもあると考えられる。

幼児の頃に教え込まれたモラルの原理は，すぐに忘れられるか世の中にはびこる習慣に飲み込まれていくが，科学への趣向が獲得されれば，愛情は理性的な対象に固着されるため徳から離れることはない。そこで，ラテン語など古代の言語の知識の必要性が唱えられる。しかし，教師は，同時にあまりに多くの種類の勉強をさせて生徒を混乱させないように気をつけなければならない[29]。

また，若者が理解することのできる科学の最初の部門は歴史であるという。すべてのモラルの理性は事実の知識に依存しており，その事実は，若いときにこそ学ぶことで維持できるのだ。そこで推薦されるのが

に対する親の権力を確立し，この体罰の意味づけが外面的罰から内面的罰へと転回する「懲治の権力」については，寺崎弘昭「ロック，ブラックストーン，そして Power of Correction ——近代イギリスにおける家族・市民社会・国家と教育　研究序説（その2）」『東京大学教育学部紀要』第24巻，1984年参照。

28) Gregory, *op.cit.*, pp.297-298.
29) *Ibid.*, p.303-315.

実際の歴史と伝記である。恋愛の話や私生活の話より，ヒーローの冒険や戦争物が若者に好まれるというのだ。そこでは数冊の本が推奨されているが，特に評価されているのが，『ロビンソン・クルーソー』だという[30]。学びは楽しみであるより仕事であるべきなのだが，ロビンソン・クルーソーは若者に好まれるし，スウィフトや他のドラマティックな作家の本を精読することによって，若者のモラルが確立されるというのだ[31]。

　読書のコースでは，歴史，モラル，地理のみが推薦される。また，数学，論理学，批判哲学，修辞学はパブリック・スクールで教えるべきではなく，大学または家庭教育で教えられるべきであるという。音楽も絵画もダンスも同じである[32]。

　また，グレゴリーは「記憶力の改良」が，殆どの教育において探求の目的となるとし，方法として，生徒がそれを完全にマスターして理解するまで決して止めさせないことや，観念をクラスの事実に結びつけるなどして，違った頭でそれらをアレンジすると記憶力に結びつくなどという具体的な案を示している[33]。

　このような議論の中で，グレゴリーは教師の資質についても提示している。まず，幼児のセミナーの監督は，通常は女性であること。女性のマイルドな管理の方が男性より，幼い子どもの柔軟な能力に適しているとする。これに加え，ある年齢まですべての職業の教育は同じにすることを推奨し，女性が堅実な教義（instruction）の利益から排除される理由は何もない，としている[34]。

　学校の教師は，自分が教える科学に長けているだけではなく，徳の原因について熱心であるべきであるとする。教師にとって不可欠の条件は，良い気質であるということ。教師は憤慨に屈したら，彼の権威でもって良い影響を与えられなくなる。しかし，あまりおとなし過ぎても，生徒たちは怠惰になるため，教師は情念なしで，適切な程度の警戒

---

30) *Ibid.*, p.303, p.322.
31) *Ibid.*, pp.303-304, p.322.
32) *Ibid.*, pp.316-317.
33) *Ibid.*, p.320.
34) *Ibid.*, p.299.

と精励で生徒を鼓舞させることが重要となる。教師にとってテイスト（taste）が大変重要な必須要件なのだ[35]。

そして，若者のどの正規のセミナーにおいても，宗教とその教えに対する正しい尊敬が熱心に繰り返し教え込まれることだけは決して忘れられてはならず，キリスト教の原理がしばしば真剣に説明されるべきであると主張する。適度な運動と娯楽の必要性も付け加え，この論文の教育を17歳までに終えること，この教育の計画により，若者は完全に質がよく，注意深く教育しないより，より良く，立派な性格になるとグレゴリーは断言するのである[36]。

(2) モラルについて

次に，グレゴリー『モラルについて』[37]であるが，ここでは特に，その中でもモラルと自殺の関係を論じている第4論文を中心に検討する。これには「自殺の非理性についての公平な探求（An Impartial Inquiry into The Reasonableness of sui-cide)」という副題がつけられている。

まず，論文の最初に，不面目や不名誉を避けるための宗教的行いとして自殺がなされるとき，それが熱意あるモラル的行為だと主張する古代哲学者の宗派の中で，どんな状況下でも人生を幸福の結実だと考えた快活で熱心なエピクロス派の信奉者においては滅多に自殺がなされなかったことが主張される。その点で，現代のエピクロス派は創立者の手本から逸脱しているのだと[38]。これは，当時，代表的な自殺擁護論者の一人と見なされていたチャールトン[39]に対する反駁と考えられる。チャールトンは，『エピクロスのモラル』を著し，その中で，「エピクロスは，自殺は耐え難い苦しみの中では英雄的行為であるとしている」と記しているのだ[40]。

グレゴリーは続ける。

---

35) *Ibid.*, p.302.
36) *Ibid.*, p.323.
37) G. Gregory, 'Of Morals', *Essays on Historical and Moral*, London, 1788.
38) *Ibid.*, p.335.
39) 第2章参照されたい。
40) Walter Charlton, *Epicurus's Morals*, London, 1655, pp.a-a1.

「人生において，悪より善の割合が多くなることで，人生についての愛が習慣的な情念（habitual passion）となるかどうか，またそれがわれわれの最初の創造のときに埋め込まれる生来の原理となるかどうか。いずれにせよ，「自己保存（Self-Preservation）」が神の法として現れるのだ。自然宗教の唱道者も認めているように，われわれはそれらの総体的な手はずによってのみ創造主の意志を知ることができる。それは自然法と呼ばれるものだ」[41]。

ここに，自殺論争の基軸となる概念，「自己保存」，「神の法＝自然法」そして「情念」が端的に言及されている。人生を愛する情念を持つことが重要なのであり，自己保存なるものは，神の法＝自然法によって定められているものなのだ。

また，グレゴリーは，経験は，病気のどのような状態にあっても，失望するのは愚かしいことであることを教える。カトーやブルータスの死は時期尚早として非難されてきた。エピクロスは，ある状況下での自殺を認めてきたと言われているが，実際には苦難の下での不屈を好む論であるためそれとは反対であり，彼の教義について無知と誤認識を持った人たちには責任がある，としてチャールトン始め自殺擁護論者たちを糾弾する。そしてグレゴリーは次のようにエピクロスの論を援用する。「人生の悪は身体的にも精神的にもある。身体的苦痛は確かに悪なので，賢人はそれを避けようとする。しかし，避けられない場合，それを想像（fancy）か所信（opinion）によって拡大しないように注意する。もし苦痛が激しければ，それは程なく止むだろう。もしそれが長く続けば，習慣（habit）がその厳しさを減らしてくれるだろう。そして，もし幸福でないとしても，楽な数回の休息が訪れるだろう」。グレゴリーは，エピクロスの言うように，殆どの慢性の病気は，人生において苦痛よりも喜びをより多く認めているのだ，と言う。

「忍耐と不屈の精神が肉体の苦痛を軽くすることが出来るのであれば，それらは心の悪にはもっと有効なはずである，なぜなら，これ

---

41) Gregory, 'Of Morals', p.335.

らの大部分は所信に依っているのだ」[42]。

　この所信の重要性については，既述したように，ヒュームもその道徳論において繰り返し述べている。そこでは，所信は大半が教育によって形成され，幼少期から持ち慣れてきた所信は，理性と経験の全威力をもってしてもこれを覆せないとされていた。ここで，自殺擁護論者ヒュームと彼を厳しく断罪する[43]批判論者グレゴリーとの間に，相対立しながらも，「幼児教育」と「所信」への着目という共通点が見出されるのである。

　グレゴリーは，エピクロスが言うようにもしわれわれが，外界の所有物の喪失により不幸になるならば，それはわれわれがそれらを過大評価していることが誤りなのだ，という。富と権威は想像力（imagination）の詐欺（cheat）に過ぎない。賢人の喜びというものは，主に彼自身の中にある。それは，能力の錬磨や真実の探求などである。そしてこのような高尚な仕事には，外界のものの喪失は，友人を失うことさえも含め，割り込めないのだとする[44]。

　「賢人は，そのようなすべての所有物の無常（uncertainty）を教え込まれるべきであり，それらを変動するもの，移ろいゆくものとして使うべきである。そしてそれらの喪失に対して準備をしておくべきである」[45]。

　外界の所有物は無常であることの自覚とそれらを喪失することに備えること，能力の錬磨，真実の探求。これらこそが賢人の真の満足に繋がるものなのだ。
　自殺は理性に反する軽率さと情念の命令であり，誤って導かれた想像力の結果だとして，グレゴリーはあらためて自殺を断罪する。グレゴリーは，自殺が臆病の影響だとするアリストテレスには同意できないと

---

42) Gregory, 'Of Morals', p.339.
43) 次節参照のこと。
44) Gregory, 'Of Morals', p.340.
45) Gregory, 'Of Morals', p.340.

第 2 章　RHS の思想と教育　　　　　　　　　　　　　149

表明する。自殺において，恐れは支配的な情念ではなく，むしろ嫉妬，憤り，悔恨，恥の不安などがしばしばその動機となる，とする。そして最後に次のように結んでいる。

　　「もっと良い解決策が現れるまで，私は，「狂人 (Lunacy)」という審判［心神喪失判定］によって，理性と社会に対する攻撃である罪を軽減する陪審員の禁欲的な正義 (stoical justice)，を尊重しつづけるだろう」[46]。

　前述したように，この時期，自殺者の裁判において，法廷への医師たちの参入により，判決は，それまでの「自己殺害＝有罪」から「心神喪失＝無罪」へと大きく変動してきている。自殺を神への冒瀆として断罪する牧師たちと，「狂人」として病院に収容させようとする医師たちとが激しく対立していた時期である[47]。しかしながらここで，医師によって設立された RHS が，多くの自殺（未遂者）を救出していることを高く評価し，当面，その判決を認めるという牧師グレゴリーの譲歩の姿勢が明確に現れているのである。

(3) 自殺について
　最後に，そのグレゴリーが正面切って自殺を論じた『自殺論』を見てみたい。グレゴリーは，本論において，殆どの場合 sui-cide でも self-homicide でもなく，self-murder（自己殺害）という表現を用いている[48]。時には自己暗殺 (self-assassination) という語さえも用いられている。
　本論の前書きにおいて，「自分自身を破壊したがる者や，神が彼らに負わせる健全な強制から彼らを解放しようとする人間」は確実に邪悪な人間であることが宣言される[49]。この「解放しようとする人間」とはすなわち自殺擁護論者であるが，グレゴリーのこの文章は，ヒューム『自殺論』の最後の文章「すべての危険と悲惨から効果的に人を解放するで

---
　46)　*Ibid.*, pp.341-342.
　47)　詳細については，本書第 I 部参照。
　48)　'suicide'，'self-homicide'，'self-murder' の相違，語源については序章参照のこと。
　49)　Gregory, *A Sermon on Suicide*, London, 1797, p.vii.（以下 *Onsui-cide* と略記。）

あろうような（free him fron all danger or misery）模範を示すことによって。」[50]に対峙しており，これはグレゴリーが，擁護論者としてのヒュームを強く意識し，これから始まる説教において，この宿敵に対する真っ向からの宣戦布告だと理解されるものである。実際，この説教の中で，大変なヒューム批判がなされることになる。

慈善と慈愛は，神の摂理のもとで最も教え込まれてきた義務であることを確認した上で，自殺が最悪の犯罪であることが確認される。

　　「人間の犯罪の黒い目録（black catalogue）の中で，自己殺害（Self-murder）の罪ほど，人間の心に強く影響を与え，われわれのより良い感性に暴行を加えるものは本当にほかにない」[51]。

もとより，ここで擁護論者たちによる，「聖書中では自殺をはっきりと禁止した箇所がない」という論に対する反駁が必要となる。それに対しては以下の回答が用意された。この犯罪について，聖書中に特に禁止命令がないのは，疑うまでもなく，著者が，自殺が極悪な性質であり，良心の警告や自然の声が本能的にその犯罪に反対すると見なしていたからなのだ[52]。

ここで，自殺は神の法の侵害であり，とりわけ神によって与えられた「自己保存」に反していると主張される。第一の自然法に反している，というのだ。ダンがその擁護論で，引用に継ぐ引用で何とか自然法の定義を問いなおし，自己保存としての自殺があることの論証を試みていた。時代によってあるいはその社会によって自然の概念が異なる。そのため，自然法も絶対不変ではない，というのがダンの論であった。その論はしかし，グレゴリーによって全面的に否定されることになる。グレゴリーによれば，異なる宗教，異なる法典は，それぞれ特別な義務を設定しており，特別な犯罪を追放する。個々の宗教体，個々の社会，個々人はその聖なる命令を認めなければならず，それ故，それに違反することが神への反抗となるのである[53]。時代や人種は異なれど，その時代そ

---

50) *Ibid.,* p.104.
51) *Ibid.,* p.11.
52) *Ibid.,* pp.11-12.

の社会の神への忠誠と服従は人間にとって不変の義務であるという，ダンへの反駁である。

続けて，自殺が単に神への反抗だけではなく，隣人，親しい人への義務の破棄であること。自殺者は自分だけではなく，彼らにも短刀を突き付けたことになる，ということが確認される。また，自殺は改悛の機会を失う意味でも，最悪の罪なのである[54]。

自殺の流行の原因の一つに，グレゴリーは宗教心の衰退を挙げる。無神論者，不信仰者には，憂鬱（melancholy）と絶望がつきまとうのである。「神への健全な恐れと永遠の生命の聖なる希望について教育されてきたあなた方のために」と前置きして，自分自身と子孫を，不信仰の感染から守り，また，あらゆる種類の無宗教的書物から守るように訴える。それらの本は心を乱れさせ，すべての悪徳を実行したい気持ちにさせる。無神論者と異教徒たちと関わることはキリスト教徒の恥なのだ，と[55]。そしてその無宗教的書物と無神論者の代表としてヒュームとその著書が名指しで激しく糾弾されるのである。少々長くなるが，激しい記述なので全文引用する。

「ずっと断言されてきたし，反論されていないことであるのだが，「ヒューム氏が彼の自殺論を友人に貸した，そしてその人は，それを彼に返して，それが最高の作品であり，自分が長い間に読んできたどの本よりも自分を喜ばせたとヒュームに話した。そして翌日，彼は銃で自殺した。」

もし，弁明のようなものとして自殺が認められるひとつの例があるとしたならば，それはこのような場合だろう，この忌まわしい論文の憎むべき著者が，憂鬱な思考力を受け取っているのであるが，それを炎に委ね，そして自らひもでその邪悪な存在を終わらせることだ。しかし，この冷血の異教徒は臆病過ぎて手短かな正義を自分には実行できないのだ。（中略）

ヒュームは現代の異教徒たちのヒーローだ，なぜなら，彼らの中

---

53) *Ibid.*, p.12.
54) *Ibid.*, pp.12-17.
55) *Ibid.*, pp.19-20.

でヒュームの人生は唯一,悪徳の醜悪さによって恥とならなかったからだ。これについては,ヒュームの身勝手で強欲である精神が,おそらく本当の理由を提供する。ヒュームが一例に限らず,自分の主義(もし彼が少しでも持っていたとしたらだが)を,書籍販売業者の提示する報酬のために犠牲にしてしまったのだ。それにしても,今までに生を受けたすべての人間の中で,ただの一つも善的で慈愛的な行為をしたというのをまったく聞いたことがない人間は唯一ヒュームだけだ。彼のルソーに対する扱いは最大限に冷酷であった。私はヒュームの親しい友人が言うのを聞いたことがある。「彼の心は大理石のように固く冷たい」と」[56]。

「ヒュームは自殺して謝罪すべきだった」「生まれてからただの一つも良いことをなし得ていない唯一の人間」とまで糾弾する激昂的な記述。当時,ヒュームが代表的自殺擁護論者として矢面に立たされていたこと,グレゴリーのヒュームの存在に対する嫌悪感と憎悪,悲憤慷慨が浮き彫りになっている。同じ自殺擁護論者であるはずの牧師ダンについては,どの批判論者たちにあっても,ダンを非難こそすれ,ダンに対するこのような激しい罵倒や人格の全面否定は見受けられない。それは同じ擁護論者であってもあくまでも信心深き牧師であるダンと,当時無神論者で反理性主義者と目されていたヒュームへの認識の相違に起因しているものだと考えられる。

そのうえでグレゴリーは,自殺者の増加の原因として二つ目に教育を挙げる。最近流行っている教育の間違ったやり方に原因があるというのだ[57]。表面的で軽薄,取るに足らない完成が,堅固な科学や謙虚な徳よりも普遍的に好まれている,というのだ。この教育の問題は重要であるとして,自分のモラル論や教育論を参考にするよう促している[58]。そして自殺増加の原因の三つ目に賭博,四つ目に投機をあげ,富への非理性的な欲望は,哲学者からすれば愚行であり,キリスト者からすれば犯罪

---

56) *Ibid.*, p.19, 脚注。
57) ここで批判されているのは,当時流行していた「マナーの教育」であると考えられる。(安川哲夫,前掲書,参照。)
58) *Ibid.*, p.20.

である，と指摘する。節制をし，真面目で謙遜の実践を続けることがキリスト者の幸福なのだ。流行の遊びやギャンブル，不摂生，肉欲を人間の人生と幸福にとって致命的な悪とし，これを避け，友情の慰めを見つけて修養し，望みや希望を節制するよう訴える[59]。

そして，RHSに対する称賛がなされることになる。RHSは設立以来500名以上の自殺未遂者を救出したことが報告される[60]。協会の介入は「絶望的犯罪者」を，本人や友人，社会に復帰させ，永遠の咎からも救うことが繰り返し強調される[61]。しかも，RHSが尽力して回復させた自殺未遂者は二度と自殺未遂をしないこと（再発防止），こうした自殺未遂者の存在が他の人々に一度も自殺を企てさせないために大きな教訓を提供して教育的効果を挙げていること，を高く評価するのである[62]。じっさいに，RHSによって救われた自殺未遂者たちは，他の人々に自殺をしないよう広く呼びかけるように説教により教えられていた。慈愛の必要性を説くグレゴリーにとって，RHSは「慈愛の事業」と認められ，設立以来の短期間に，自殺者だけでなく，人工呼吸により急死から2185人もが救出された，と絶賛される。そして最後に，本協会に貢献することは，すべてのキリスト者の動機による緊急の義務であり，あなた方はそれを自分自身，自分の国に，隣人に，そして神にその義務を負っている[63]，とRHSの活動への積極的な理解と協力を求めて締め括るのである。

以上，グレゴリーの教育論，モラル論，自殺論を検証してきた。そこでは，教育の目的を「徳」と「実用的な学び」とするグレゴリーが，個人教師より学校教育を推奨していたが，悪徳は人々が思っているより早期に植え付けられるとして，幼児期からの教育の重要性を強調。特に，学校に入る前に何もせず両親と過ごした事により得た悪徳は回復できないまでになる。たとえば，泣く幼児をなだめることにより，早期に現れる悪質な情念を助長すると厳しく批判。この文脈で，ロックが「人間本

---

59) *Ibid.*, pp.20-23.
60) *Ibid.*, p.11.
61) *Ibid.*, p.11, p.23.
62) *Ibid.*, p.17.
63) *Ibid.*, p.25.

性の最高の判断者であるジョン・ロック」と称賛されそこでは，幼児の泣くのは強情か不満であり，強情に対しては矯正されるべきだ。甘やかすことなく，子どもには共感，寛大，慈愛，正義こそが絶え間なく教え込まれねばならないとされた。そのため教えるべき具体的教科や教師の資質も提示された。

また，どんな状況下でも，自殺は愚行であり，それは自然法である自己保存に反していると主張された。困難が避けられない場合，それを想像か所信によって拡大しないように注意する。習慣によってもそれは改善される。すべての所有物は無常であり，常に能力の錬磨や真実の探求などをすることで，外界のものに執着しないこと，自殺は理性に反する軽率さと情念の命令であり，誤って導かれた想像力の結果だとして，あらためて自殺を断罪した。自殺は単に神への反抗だけではなく，隣人，親しい人への義務の破棄であることや，改悛の機会を失う意味でも，最悪の罪なのである。無神論者としてヒュームが激しく非難され，現在の教育に原因があり，もっと教育によって宗教心が教え込まれなければならない，とされた。そしてここで，医師によって設立されたRHSが，多くの自殺（未遂者）を救出していることを高く評価し，心神喪失とする判決を当面認めようという牧師グレゴリーの譲歩の姿勢が明確に現れていた。慈愛の必要性を説くグレゴリーにとって，RHSは「慈愛の事業（branch）」であり，絶賛に値するものと認められたのである。

第3節　RHSにおける牧師たちによる自殺防止論と教育論
―― 「同情」・「家族」・「愛国」

RHSは，自殺未遂者も含めた救出者に対して複数の牧師による説教を定期的に行っていた。設立以降，18世紀末までに協会で行われたすべての説教を検討した結果，以下の点が明らかになった。協会では，自殺未遂者ら多くの男女・子どもは牧師の正面に座って説教を聴くことを義務づけられ[64]，自分の経験を他者に広め，他者を自殺未遂させない

---

64) Thomas Francklin, *A Sermon preached before the Humane Society*, London, 1779, pp.17-23; Swain, *A Sermon*, 1783, pp.17-19 等参照。

ように，社会における自殺防止活動の先兵隊となることが期待されていた[65]。じっさい，1786年の協会の記録では，RHSによって助けられた人の3分の2以上が，その後，自殺未遂者を含めた友人や親戚を救出していることが報告され[66]，ついで1797年の説教では，RHSにより救済された自殺未遂者は二度と自殺を試みず，このことが，他者の自殺防止のために大いなる教訓を提供していると称賛されてもいる[67]。

毎年行われる記念祭での説教は公刊され販売されてもいたのだが，18世紀後半を通し当然のことながら，毎回のように説教に自殺についての議論が登場する。そこでは，近頃自殺が流行の犯罪（Fashionable Crime）であるが[68]，その原因は教育，習慣，メランコリーや不信仰にある，とされている。そこで要請されるのが，情念の統制（Regulating passions）による情愛の教化，「同情（compassion）」であった[69]。じっさい，本協会の方針（Policy）は，人間の自然な同情の原理と一致するものであると自覚されていた[70]。

もう一つ，教義に頻繁に登場するのが「家族」である。仮死状態からの生命の回復によって，夫は妻に，子どもは両親に送り返される，という「家族との関係性」における生命救助の意義と自殺の犯罪性が毎回のように繰り返し述べられる。自殺は家族との関係においても大罪なのである。それは家族関係を破綻させ，未亡人や孤児をつくる原因となるからである。18世紀後半，イギリス自殺論争においては，自殺の議論軸がそれまでの神・悪魔憑きをめぐるものから，家族や教育・モラルへと傾斜していくが，RHSの牧師による説教内容もそれと連動するものとなっている。

また，回復者の家族への返還は市民の社会への返還と同義なのである[71]。そこで個人はいうなれば大家族としての社会の一構成員であるこ

---

65) Francklin, *op.cit.*, p.16.
66) Servington Savery, *A Sermon*, 1786, p.53.
67) Gregory, *Onsui-cide*, p.17.
68) *Ibid*, p.22 ; Robert Markham, *A Sermon*, London, 1777, p.viii.
69) たとえばJohn Ward Allen, *A Sermon*, London, 1787, p.2.
70) Markham, *op.cit.*, pp.18-19.
71) Thomas Rennnell, *A Sermon*, London, 1794, p.9 他，18世紀後半の説教の多くにこの論は登場している。

とならびにその家族を愛する心——「愛国心」が強調されることになる。協会が自殺未遂者も含めて人命を救助することは，当時減少しているといわれていたイングランドの人口増加に寄与し国富に直結するものであると協会は自負していた。じっさい，協会は，すべての「善人 (good man)」と「真の愛国者 (real patriot)」の支援からなるものだと強調されている[72]。日曜学校のオーガナイザーでもあった牧師サミュエル・グラッセは，RHS でも説教を担当しているが，社会に子孫を残すであろう多くの有益な生命を保存することは真の政策の行為である，と述べている[73]。愛国者であれば，その政策に積極的に貢献し，国家の繁栄を望むのが当然なのである。

18世紀後半当時イギリスは，対仏戦争を経て最終的に勝利し，大英帝国の基礎を築いていく。広大な植民帝国の形成に貿易が重要な位置を占めるようになり，貿易量は急増する。そのような中，外国貿易に従事した船舶は，1760年には1660年の約6倍，商船の総数が4倍に増え，ヨーロッパで最大の商船隊をもつにいたっている[74]。当然これらに伴い，運河・河川が急速に発達したこと[75]で，海難（水難）事故も増加し，RHS の活躍の場やその存在感も増したであろうことは容易に推測できる。

協会は，国富・人口増加への貢献といった当時の重商主義的思想を追い風にして，国民に広くその存在感を印象づけ，強化しながら自身の活動を普及させていった。そこでは，「同情」・「家族」・「愛国」を切り札として，情念を統制する教育の必要性を主張しながら一般市民を巻き込み自殺防止活動が行われていたのである。

---

72) Swain, *op.cit.*, pp.14-15; Servington Savery, *op.cit.*, London, 1786, p.10.
73) Samuel Glasse, *A Sermon*, London, 1793, p.5.
74) 鈴木勇『イギリス重商主義と経済学説』学文社，1986年，136-138頁。また，E. J. ホブズボーム『産業と帝国』浜林正夫他訳，未来社，1984年，27頁等参照。
75) 1770年，河川改修や運河開削が60年代の約6倍になっている。（川北稔『イギリス史』山川出版社，1998年，251頁参照。）

結　章
――おわりに――

―――――

　以上，近世イギリスにおける自殺論争の展開と，RHS の誕生を中心に，そこに見られる生命観や情念論，モラル論・教育論について検討してきた。本研究で明らかになった点を以下に整理することとする。
　まず，17・18 世紀イギリス自殺論の展開構造を，擁護論，批判論，医学論という三系譜から検討した。実際にそれぞれの系譜に即して検討してきてみると，それら三つの系譜が論点を相互に切り結びつつ一つの流れを浮かび上がらせてもいた。そこでは，自殺という行為は犯罪なのかという問題を軸に，人間存在に関わるさまざまな論題が提出されていた。すなわち，「殺す」という行為が他者ではなく自分自身を対象としたとき，それは「有罪殺人」なのかという疑問が提出され，それをめぐるさまざまな動揺と葛藤があったこと，またその具体的内容が詳らかになった。
　そこでは，「自己保存（Self-preservation）」理解が自殺論争における重要な争点，鍵概念の一つとなっていた。そこでは保存（preserve）される「自己（Self）」とは何か，ひいてはその所有・管理権をめぐる問題が議論されていた。「自己保存」概念をその基盤に据えて近代市民社会理論を構築したトマス・ホッブズは，自己保存を含む「自然法」について以下のように述べている。

　　《自然法》（Lex naturalis）とは，理性によって発見された戒律または一般法則であり，それによって人はその生命を破壊したり，生命の保存の手段を奪い去るようなことを行ったり，また生命がもっともよく保存されると彼が考えることを怠ることが禁じられる[1]。

このようにホッブズによって，近代市民社会の基礎に「自己保存」＝「生命の保存・維持」という等式が措定されていた。それゆえにホッブズにおいて，少なくとも明示的には，自殺は「自己保存」原理に反するものとして否定されていたのであった。
　しかしながら実は，「自己保存」という言葉そのものはまったく別の意味を孕んで誕生したものだったのだ。すなわち，「自己保存（Self-preservation）」という言葉の産みの親であるジョン・ダンがその語を初めて用いたとき，それは善への自然な情動と嗜好それ自体を体現するものにほかならず，自殺擁護の基本概念として成立したものだったからである。ダンは，善を信じ希求した自殺であれば，たとえ身体は消滅しても，「自己」なるものは自殺によって保存されると主張した。ダンにあって「自己」は，ホッブズの場合とは異なり，「生命」を超えたものであった。この観念の根底をなしているのは，個人こそが「彼自身の帝王（Emperor of himselfe）」だという自己把握であった。
　ここでホッブズと自殺擁護論者ダンとのあいだに親和点が生じてくる。ホッブズにあって，自然権はあくまで各個人の自由意志によって行使されるべきと認識されていた[2]。この自然権の個人主義的把握はあたかも「個人が彼自身の帝王」という観念に基づいているかのようであり，この点がホッブズ自身は自殺を否定していたにもかかわらず，批判論者により攻撃される所以であった。たとえばアダムスは，「ホッブズのいう自己保存を含む自然権の理解こそが，不正行為や卑怯行為の最悪の結果へとつながる」，と非難している。このホッブズ理論は擁護論者には逆に親和的理解を与えるという結果に寄与するものとなっている。失恋により自殺した自殺擁護論者のブラウントが，ホッブズの言う「戦争状態」とそれに伴う結合契約から成る市民社会について一定の理解を示していたのはその例である[3]。
　こうした擁護論・ホッブズ・批判論という三者の錯綜した対立構造の中で，自殺論争は「自己」と「生命」の把握をめぐって進行したのである。

---

1) Hobbes, *Leviathan*, p. 91.
2) *Ibid*., p. 91.
3) Blount, *Philostratus*, pp. 150-153.

結　章

「自己保存」概念の理解をめぐっては，もう一人，忘れてはならない人物がいる。"Suicide"という言葉の発明者と目されているウォルター・チャールトンである。彼は，エピクロスの倫理を前提に自殺を肯定し，自然法と自己保存をめぐって議論を展開した。チャールトンにあっては，善の希求と悪の排除こそが自然法の中核概念であり自己保存の法もそれに従うので，人生が悪により占領されそうになれば，善を求め悪を回避するその基本的性向により，「自己保存の法のまったき完遂としての自殺」へといざなわれることは肯定さるべきことであった。このような「自己保存としての自殺」という概念は，のちのギルドン，ヒュームへと継承されていく。ギルドンは，ダンやチャールトンらの論を踏襲し，自己保存は善をその基盤とするものであり，失望の中で自然と理性の教訓に従ったブラウントのような例の自殺は肯定される，とした。そこでは，"I myself am King of Me."「私こそが私自身の王なのである」と声高に主張されることになる。ヒュームにあっても，自殺という行為は，人生が不幸であり，自分の生存がさらに延長されると思わしくなくなるだろうと予想される場合，その災害をさける能力として全能神によって付与されたものであるとされた。

　これら自殺擁護論者たちによる，悪からの解放・善への希求としての「自己保存」は，一方の批判論者たちによっては「生命の保存」に限定される。批判論者によれば，人間は「自分自身の王様」などではなく，人間にはその生命の絶対的所有権を有している創造主から「貸与されている」生命を使用するという使用権のみが認められる。そのうえで，人間にはその生命を維持・保存していく「義務」が課せられているのである。また，「自己保存」とは個人のみではなく，「種の保存」にも該当するものであるとして，個人の判断による自己破壊は禁止される。結局，批判論者による「自己保存」は「この世の生の存続」に限定されるものとなった。

　もともと，イギリス初の体系的な自殺論を著したジョン・シムの著書の題目が『自殺に対抗する生命の保存（*Lifes Preservative against Self-killing*）』（1637年）であったように，自殺批判論者にあっては，保存されるべき対象は自己（Self）ではなく生命（Life）という言葉で論じられていた。それが，約10年後に出版されたダンの著書で初めて"Self-preservation" という語が使用された後，批判論者もまた，もはや Life-preservation ではなく，Self-preservation で論じていくことになる。ダン，または他の擁護論者たちにあっては，保存（Preserve）されるべき "Self" とは，単なる生命体という枠組みを越えて限りない善を追求する「自己」を体現したものであった。しかし，この "Self"-preservation は，批判論者たちにより「神の管理内でのこの世での生の存続」と規定し直されていく。その過程で批判論者たちにおいて，"Self" も，"Life" と同じく神の支配の領域へと吸収され，"Life" と等置されてその当初のダン的意味を封印されてしまったのである。

また，「自己愛」も，論点の一つとなっていた。RHS のコーガンは，慈愛の源泉として自己愛を位置づけていたが，自殺擁護論者であるヒュームにあっては，自然によるものであり，それが自由に働くとき，一切の不正義と不法との源泉であると認識された。ヒュームはそれを「悪徳」と言い換え，この嗜欲の自然的な運動を矯正し，抑制するのでない限り，悪徳を矯正することは出来ないとしていた。一方，批判論者たちにあって，クラークに代表的されるように，自己愛は自己保存や他人への愛へと繋がる肯定さるべきものであった。

次にこれらに加え，常に主要な論題とされてきたのが，「狂気（Madness, Lunacy）」である。これは 17 世紀末頃から自殺者の検視審判で「心神喪失（non compos mentis）」とされるケースが増加してきたという事態に伴い，主に批判論者により取り沙汰されるようになった問題である。心神喪失（狂人）判定が急増した主な原因として，アダムスら批判論者たちは，自殺者の遺族に対する陪審員の同情，あるいは陪審員の不正（遺族からの賄賂の受理）を指摘していた。このうえで，狂気には二種類，「生来的狂気（natural madness）」と「モラル的狂気（moral madness）」があり，この二つは同じ狂気といえども，罪責性においてはまったく異なるものだ，と強調され始めたのである。

イギリス最初の自殺論であるシムの論（1637 年）には，「モラル的狂気」という言葉は登場しない。17 世紀前半当時はまだ自己殺害（felo de se）の判決が圧倒的であり，心神喪失の判決は殆ど見られなかった。自殺＝犯罪と自明視されていたこの時期に敢えて「狂気」を区別し，モラルの問題として論じる必要などなかったのである。この意味で，この

「モラル的狂気」はすぐれて近代的狂気ともいえる。

　「モラル的狂気」とは，生来理性の欠落している「生来的狂気」とは異なり，本来理性を有する者が，その理性の誤用により生産する狂気である。たとえば，死ぬ前に遺書を書いたり，友人に遺言めいたことを言うなど，本来正気であり，計画的・意志的に自殺を行う者はモラル的狂気（狂人）ということになる。このモラル的狂気による自殺は計画的な国家侵害であり，大罪なのである。このような事例は心神喪失（non compos mentis）などではなく，自己殺害（felo de se）として厳重に処罰すべきだと批判論者によって糾弾される。

　このような批判論者の悲憤慷慨は，自殺はモラル的（意志的）狂気または生来の狂気などいずれにせよ何らかの狂気の具現であるという絶対的な確信を伴いつつ，その矛先を教育（education）へと向けることになった。批判論者にあって，そもそも狂気とは情念（passion）と欲求（appetite）の放縦により生じる。擁護論者にあっては情念はその存在が肯定されたが，批判論者には，情念は狂気の原因として「理性で制御されるべきもの」であると見なされた。そこで当時の教育のあり方が攻撃の的としてクローズ・アップされる。ここでは，自殺が「狂気」と結び付けられ，その狂気が「モラル的」問題，つまり教育による矯正可能な事態としてたち現れるに至った様相が浮かび上がってくる。

　意外なことに，教育それ自体の重要性という点で，自殺擁護論者ヒュームと批判論者たちの論は共通している。ヒュームは，人類の間に蔓延る所信の半分以上は教育に起因するものだとし，幼年時代からの教育による習慣や信念は，理性や経験でもってこれを根絶することは出来ない，としていた。批判論者たちは，善悪や健全なモラルについての教育を欠いた結果が自殺であるとし，理性で情念を制御する善人の育成を説いたのである。しかし，ここでモラル・教育と理性についての把握が両者では決定的に異なった。

　そもそも自殺擁護論者のヒュームにあっては，モラルとは理性の結果ではなく，あくまでも感情の結果であり，理性自身は，情念の喚起や行動を生じさせたり防止したりする点でまったく無能であるとされた。そのうえで，教育の根本原則は理性に反しているとまで断定される。しかし，一方，ムーアやグレゴリーら批判論者は，当時の教育が善悪の区別

を曖昧にしており，身体の外面的な完成や優美な作法ばかりが優先されている。その結果，理性で情念が抑制できない人間が形成されてしまうというのである。かくして，もっと公共のために腐心し，神への畏怖心をそなえ，知性・理性により情念を制御する宗教的モラル的人間の育成を目的とした教育が要請されることになる。このように，モラル・教育と理性の関係性という点で，擁護論者と批判論者の主張は，その重要性においては共通認識を持ちながらも，それぞれまったく逆位置に定位するものであったことが判明した。

また，ムーアやグレゴリーが，当時の教育を批判し，そのオルターナティヴとして提起された教育は，グレゴリーの「教育論」に端的にみられたごとく，内面的モラル的人間を「恥（Shame）」を梃子にして形成するロックの教育思想に基づくものであった[4]。しかし，マンデヴィルは，近代教育がその鍵概念とした「恥」への恐れは，「人工的教育」により死への恐怖に勝るまでに拡大されると主張しており，このマンデヴィルによる警告は，自殺と近代教育の関連に対するある種の洞察を提供するものでもある。人工的教育により幼児期より育成された「恥」の感覚，それこそが自殺の原因だというのである。イギリスの批判論者たちによっても，恥（不名誉）は貧困と同様に，これによって神への背信行為（＝自殺）をなすことなく耐え忍ぶべき災難の一つとして訴えられていたのをみれば[5]，当時，恥が自殺の理由となり得ていたことが確認される。すると，ここに，近代教育の内包する矛盾が指摘できる。すなわち，恥という情念の操作を手段とした近代教育は結果として自殺者の生産の源泉ともなり得るものだったということ。これは近代教育が，生命の保存という意味での「自己保存」を前提として存立しているとされる近代市民社会を根底から崩壊させる装置ともなり得たことを示している[6]。また，自殺防止のために提案された教育が，皮肉にも，結果とし

---

4) 「恥」を梃子としたロック教育論については寺崎弘昭『イギリス学校体罰史――〈イーストボーンの悲劇〉とロック的構図』東京大学出版会，2001年参照。

5) たとえば，アダムスは，『自殺論』において，神や隣人に背かず，どのような苦痛にも耐えることこそが真の勇気として，その苦痛に貧困，友人や子どもの喪失と並べて恥辱（Disgrace）を挙げている。（Adams, *op. cit.*, pp. 216-217.）

6) ホッブズは「恥」とは，ある能力が欠けていることを自覚したときの悲しみであり，この情念のあらわれが「赤面」である。これは青年にあっては名誉心の現れであり，褒

て自殺（未遂）者を生産するという空回りの構図を創出する危険性を孕んでいたということでもあった。

さて次に，このような批判論・擁護論者たちの論争を尻目に確実に進行してきた事態，それが判決における「心神喪失（non compos mentis）」の増加であった。18世紀末にはほぼ100％近くを占めるこの多数の「心神喪失者」の出現とともに，おのずと自殺論の動向を規定するファクターへとせり上がってきたのは医師たちであった。

自殺の主要な原因とされてきたメランコリーについて，ブライト，バートンといった17世紀以前の代表的医学者たちの論では，メランコリーは体液，血液や胆汁，精気との関係で説明され，同時にサタンが深い関係を持つとされた。特にバートンにあっては，メランコリーは「精気の中庸性」の乱れだと主張された。情念が理性より感覚に従おうとすることが「精気の中庸性」を乱すとされる。バートンにあっても，メランコリーは神や悪魔などといった「超自然的」なものから切り離せないものであった。

しかし，近世の医学的自殺論において，自殺は，メランコリーの悪魔憑きや体液論といった規定から解き放たれて神経病による規定へとその様相を変容させていった。そこでは，17世紀以前における，悪魔への対処と神への信仰，食餌療法という養生論的要素が払拭され，18世紀末には自殺の可能性ある者が「患者（patient）」として監禁・矯正されるまでになっていった。特に18世紀末のロウレイにあっては，死も，自殺に伴う痛みも悪であり，本来正気であれば認識できるはずのこれらの悪を認識できないこと自体が狂気の証であるとされた。すなわち，自殺を考えた時点で人はすでに非理性的（irrational）なのであり，そのような「患者」は「病人」として「寝ずの番」のもとで監視され，その「回復」を目的として投薬を始めさまざまな治療が施される。そこでは始終ベッドに拘束してでも「生かし続ける」ことこそが最善と断言されていたのである。心神喪失の判決の増加と相俟って，ここに自殺の医学化＝メディカライゼーションが完結した。

そもそも，「心神喪失」（＝無罪）の判決が増加した原因の一つとして，

められるべきことである，として青年における恥の情念を肯定している。(Thomas Hobbes, *Leviathan*, p.43.)

批判論者たちは，陪審員の不正や遺族への同情を挙げていた。また，マクドナルドらの自殺史研究では，当時の医師たちは自殺理解に何ら顕著な貢献をなさなかった，とされている。しかしながら当時の医師たちの自殺論を検討するにつれ，医師たちが，遺族らが望んだ判決結果「心神喪失」と批判論者らの自殺＝「狂気」論とを縫合しながら独自の専門領域へと自殺者を囲い込んでいった様相が生なましく浮かび上がってくる。それは，ケインの「哲学者が終わるところ，医者が生まれる。」という勝ち誇ったような言葉や，ロウレイにおいて「自殺をする（企てる）人間はすべて心神喪失にほかならない。」として治療の必要性が唱えられたことに，すでに窺えた事柄なのである。18世紀後半の医師の論には当然のごとく"suicide"という語が用いられている。だがもはやそこには"Self-homicide"対"Self-murder"の争いの影はない。そもそも"suicide"という言葉は，チャールトンが自殺の犯罪的表現を退けその擁護を望んで産み出したはずのものであった。しかしそれはもはや自殺擁護のために使用されることはなく，中性的響きをもってそこに留まっているのみである。

　そして18世紀末，自殺者に対する「心神喪失」判決の全面的勝利とともに自殺は医学的領域へと引き取られていった。そして，自殺批判論者の牧師たちと医学的自殺論者である医学者たちとの妥協によってそこに誕生したのがRHSであった。

　本研究での詳細な検討により，RHSの全容が明らかになった。協会の活動は単なる人命救助ではない。自殺未遂者を救出した後，RHSで医師の医学的治療と牧師による内面的ケアを行い，ときには家族関係にまで入り込み，自殺未遂者が自分が犯した罪に対する反省を促し，もう二度と自殺を企てないようにする事であった。また，年次報告書や新聞記事から，RHSが協力した一般市民には報酬を渡したり表彰したりするなどして，活動を普及させたこと，それにより自殺防止の輪を広げていったことも明らかとなった。これは協会自身が自負しているように，階層を超え，広く市民に対して生命の教育活動を行うことで普及，継続されたものである。

　また，RHSの見逃されてはならない特徴の一つとして，当時の重商主義政策の流れに乗って人口＝国富の増大に寄与すべく，生命保存を

前提に生命の枠を広げ，生の価値をテクノロジーの土俵のうえで宣揚する自覚的なムーヴメントであったことが挙げられる。これは一人救うことでいくら相当の国力になると換算されており，同時に「愛国者」の事業として進められたものでもあった。

このようなRHSの蘇生事業は設立者コーガンによれば，基本情念たる「自己愛」が共感・教育を通して精錬されたものとしての「慈愛」行為を基として組織されたものであり，この組織の拡大自体が「自己愛」の「慈愛」への転化を社会的に組織し体現するものと考えられていた。

RHSの歴史的特質として，自殺防止または自殺未遂者の自殺再発防止のための教育の必要性という点で，本来医師とは自殺把握において立場を異にし対立さえしていた牧師たちの妥協と協力が得られる事態が生じたということが挙げられる。すなわち，自殺を「狂気」(=「心神喪失」)のなせるわざと見なす医学的自殺論をベースにそこに自殺行為それ自体を「大罪」(=「自己殺害」)と見なす自殺批判論が結合した枠組みが出現した。それを体現したものがRHSであった。協会設立の立役者である医師たちにおいては自殺は「過剰な（尋常でない）情念」の帰結と認識されており，自殺防止の手段として，情念の統制・精錬としての教育のあり方に期待がかけられていた。この点で，自殺抑止のために情念を制御し共感・正義・慈愛等を教える教育の必要性を主張する牧師らが，自殺抑止や自殺未遂者の「改心」を促すRHSの事業に積極的に関わっていったのである。この結合による枠組みが，自殺を精神衛生の問題とみなすその後の自殺把握・自殺防止策の源流を形成することになった。

以上のように，「自殺は犯罪であるか」という問いをめぐって17世紀イギリスで勃発した自殺論争は，「自己 (Self)」とは何かを基軸にさまざまな論点を附加しながら展開していき，そのさいの論点の柱が「自己保存」・「狂気」・「モラリティ」であったこと。そしてそこに見られる生命観やモラル観が，自殺抑止のための家族・教育・治療論の具体相とともに判明したと同時に，論争の延長上に誕生した人道教会についての全容と協会が近世イギリスの生命把握，自殺防止に果たした役割が，明らかになった。

現在でも，自殺については，安楽死，尊厳死，医師による自殺幇助な

どに纏わる「自己決定権」をめぐる問題として日々議論が展開されている[7]。本研究により，これらの源泉となる議論は，すでに200年以上も前に展開されていたことや，その具体的議論軸，また，停止した心臓を人工呼吸により再生させるという，まさに，生命が「神の手」から「人の手」へとシフトしてゆくその瞬間に位置した運動体について具体的に詳らかにされた。

序章で触れたように，寺崎弘昭は，教育（education）の語源の探究により，educationとは本来，生命の出現とその養いに関わる生命的原

---

7) イギリスでは，近年のものに，難病の苦しみから夫の助けによる安楽死を希望し，それが英国司法当局により自殺幇助にあたると判断されたダイアン・プリティ事件などがある。（クリスティアン・ビック「安楽死と生命に対する権利：ダイアン・プリティ事件」，『医療・生命と倫理・社会』第4号，（オンライン版）大阪大学大学院医学系研究科・医の倫理学教室，2005年，など参照。）また，たとえば川本隆史は，立岩真也や最首悟の論を引き合いに出しながら，自己決定権を自己決定権かパターナリズムかという硬直した二元論ではなく，また，自己決定権と最首の言う「内発的義務」を抽象名詞のままに対置するのでもない，これらの相互のネットワーキングの作業による権利や平等あるいは「自己決定」についての再定義が必要であるとする立場から，川本がとりあえず辿り着いた結論を，「立ち入らず，立ち去らず」と表現している。（川本隆史・花崎皋平「自己決定権とは何か」『現代思想』青土社，26号，1998年，44-56頁。川本「自己決定権と内発的義務──〈生命圏の政治学〉の手前で」『思想』908号，岩波書店，2000年，15-33頁，等参照。）一方，小松美彦は，アメリカを例に「死の自己決定権」が，国家権力や家族などの身近な人間とも結び付いた「死の義務」を登場，培養させるものとして日本の「臓器移植法」制定を批判。死は死んだ者と死なれた者との関係性の中で成立するとしてこれを「共鳴する死」と名付け，死は個人に属しておらず，個人の所有対象ではない。従って所有によって保証される権利と自由は死に関しては成立しない，すなわち「死の自己決定権」は原理的に成立不可能という論を展開している。（小松美彦，前掲論文，および「「自己決定権」の道ゆき──「死の義務」の登場（上）──生命倫理学の転成のために」『思想』908号，岩波書店，2000年，など参照。）この小松の論に対しては，立岩真也が，個人の死を言うことと，「共鳴する死」があることは矛盾しないが，共鳴する死，いわば「死にゆくその人への思い」の中に，「その人の思い」も含まれているはずであり，ゆえに死にゆくその人を尊重することの中に，その人の決定を最後には認めることも含まれている。だから，この文脈においてのみ言えば，「死の自己決定権」を肯定はしないにせよ，認めざるを得ない，としている。（立岩真也「死の決定について」，大庭健・鷲田清一編『所有のエチカ』ナカニシヤ出版，2000年，149-155頁。「私的所有」の根拠を問い，臓器移植や優生学と自己決定権について考察したものに，立岩『私的所有論』勁草書房，1997年がある。）また，金森修は，現代の女性の社会的自立や自己決定権に連続する問題として，おもに女性の生殖器に対する医学的言説や医療行為が胚胎し続けてきた文化的拘束，政治性について，具体例を列挙しながら歴史的に分析。女性をめぐるこの医学的言説と医療的介入が，「科学」の装いの下でどのように患者を矯正しようとしてきたのか，バイオポリティックスのフェミニズム（生殖）的視座からの剔抉を試みている。（金森修「生殖のバイオポリティックス」『思想』908号，岩波書店，2000年。）

初的営みであったことを論証している[8]。また，宮澤康人は，近代教育を「文化の伝達による人間の発達の過程に目的をもって意識的，継続的に働きかける行為である」と定義している[9]が，そうであるならば，近代教育が人間に目的意識的に培養してきた「人間観」・「生命観」を抉出し，その歴史的特異性や歴史的限定性をあえて教育学の地平から見つめ直す必要もあるだろう。

本研究は新しくも古層的な，本来の education 概念に基づく教育（史）学において，イギリス自殺論争を主軸に教育と生命との繋がりを照射する試みであった。

今後取り組むべき作業は，次のような疑問により導かれる。――自殺論争と生命・モラル把握，それらに伴う教育の役割は19世紀以降どのように展開されていったのだろうか[10]。また，RHSは，その後も活動を普及・拡大させているため，彼らの活動も合わせて検証する必要がある。そして，そのような中，1823年には自殺法が改正され，自殺者が教区に埋葬されることになった（4 Geo. IV, c.52.）。19世紀以降の社会における自殺・生命把握の変遷を教育やモラルとの関係で抽出することを今後の課題としたい。

---

8) 寺崎弘昭『ヨーロッパ教育関連語彙の系譜に関する基礎的研究』平成13-15年度科学研究費補助金研究成果報告書，2004年，61-65頁。
9) 宮澤康人編著『改訂版　近代の教育思想』放送大学教育振興会，1998年，12頁
10) たとえばミシェル・フーコーは，19世紀に自殺が社会学的分析の対象とされた最初の現象の一つであった理由について，自殺が「生に対して行使される権力の境界にあり，間隙にあって，死ぬことに対する個人的で私的な権利を出現させた」ものとして，生を経営・管理する政治権力により統治される社会にとって「最初の驚きの一つ」であったとしている。（ミシェル・フーコー『性の歴史Ⅰ』175-176頁。）

あ と が き

　人はなぜ生きるのだろうか。私が初めてこの問いに出会ったのは，12 歳の頃だったように記憶しています。
　それからの人生において，私には，なぜかいつもこの問いがつきつけられているような気がしていました。会社員を経験し，遠回りをして研究の道に進むことになりましたが，そこにはやはり何とかしてこの問いをつきつめてみたい，答えを模索したいという強い思いがありました。
　1999 年，ダンの『ビアタナトス』とマクドナルドらの『眠りなき魂』に出会いました。生命について探究するとき，自殺という生と死のフロンティアに位置する現象がどうとらえられてきたのか，歴史的に検証することが，現在の生命観，人間観や価値観を形作ってきた過程を解明する一つの手がかりになるように思えました。ダンの著書は，古英語，ラテン語混じりで大変難解でしたが，当時は翻訳本などもまったくなく，初めてラテン語を学びながら，この力作と格闘する毎日でした。
　資料収集・調査では，大英図書館，ウェルカム医学史研究所，王立人道協会，地方図書館など，東京大学では，教育学部図書館だけでなく，社会情報研究所，法学部，文学部，医学部図書館，ほか，北海道大学図書館，地元長崎大学図書館なども歩きました。200 年以上も前の新聞記事をマイクロリーダーで一つ一つ起こしたり，黄色くなった雑誌の山に埋もれて煤まみれになりながら記事を読み進める作業は，そこに光る宝を必死で探すような無駄で充実した貴重なひとときを与えてくれました。
　そのような研究の結果，本書は，2009 年，東京大学教育学研究科より博士（教育学）の学位を授与された論文に加筆，修正をしたものです。審査にあたって下さった川本隆史，今井康夫，金森修，小玉重夫，佐藤学の諸先生方に感謝致します。特に川本先生には，指導教官をお引き受け頂いてから，学問のことや細かいことまで相談に乗って頂きました

し，また，いつも厳しくもあたたかいコメントを頂き，自分の研究について相対化することも教えて頂きました。先生の行っているロールズの思想を基盤とする平和活動にも大変刺激を受けました。修士課程では，寺崎弘昭先生に，歴史を検証していくことの面白さや論文執筆の手法について丁寧に教えて頂きました。また，土方苑子先生は，歴史資料を焼きつけるという作業方法から，歴史の中の一つの事例を，具体的に丁寧に掘り起こしていくことの大切さを教えて下さいました。西平直先生には，いつも批判的ながらも励ましのお言葉を頂き，授業においても研究においても，意外で新しい視点を見出そうとする姿勢の尊さをも教えて頂いた気がします。また，佐藤学先生には，海外・日本の学校教育現場の現在や，研究の裾野を広げることもご教示頂きました。

　私が博士の学位を頂いて間もなく，53歳という若さでご逝去された大田直子先生。先生には，日英教育学会や研究会で，貴重なご助言やご指摘を頂きました。他界される1年半程前，ご多忙の中，時間を割いて食事をご一緒にして下さり，新宿のホームで私の姿が見えなくなるまで手を振り続けて下さった先生の姿が今でも忘れられません。先生がいたずらっぽく，私の研究をからかっていらっしゃったことが懐かしく思い出されます。大田先生の優しさと厳しさとご研究の成果に敬意を表し，心から感謝します。また，福島智先生には，障害学や「生きること」という視点から，適宜，ご指摘やご助言を頂きました。小松佳代子さん，山岸利次さん，櫻井歓さん，辻直人さんには，研究会での討論や論文執筆にあたり，相談に乗って頂き，さまざまにご教示下さり，またあたたかい激励のお言葉も頂きました。それから，私の歴史研究の幅を広げて下さった宮澤康人先生。「教育」を，近代学校教育という枠組みを超えて，人類だけではない自然界の生命の誕生にまで遡ってとらえるというマクロな教育史（学）の視点に，私は大変に共鳴して影響を受けました。

　私の大学教員としての最初の勤務地は，稚内でした。夏には，涼やかな空気の中，家から近くの海まで走っていました。道路の両端には，薔薇やチューリップなど赤や黄色の花々が咲き乱れ，秋桜は北から咲く花なのだと実感させられました。そんな稚内で出会った古川碧先生には，学生に対する愛情や，学校現場の大変さ，大学と地域とのつながりの大切さを教えて頂きました。そして，いつも相談に乗って下さった汐見稔

幸先生。幼児教育学の視点から，歴史の中で遊びがちな私に，現在に戻ることの重要性を教えて下さいました。院生時代から現在までの長きに渡り，つねにあたたかく見守って下さいましたことに感謝します。

また，本書は，現在奉職している埼玉学園大学の全体の明るい活気に満ちた雰囲気や，研究活動を奨励する学風の中でこそ誕生することが出来ました。峯岸進学長をはじめ，服藤早苗人間学部長，教職員の皆様に心から感謝します。たくさんの教え子たちにも随分支えられてきました。教え子たちの優しさや他愛もない会話や笑い声が，私を「いま，ここ」の輝きの中に，いつも引き戻してくれたことは言うまでもありません。また，ここにお名前をあげきれなかった本当に多くの方々にお世話になりました。

出版にあたっては，知泉書館の小山光夫，齋藤裕之の両氏に大変ご尽力頂きました。御礼申し上げます。

2011年3月11日，東日本大震災当日，私は勤務で札幌にいました。報道される映像を見ると信じ難く，何をしたらいいかわからず，自分の無力さを感じました。また，先の戦争で，長崎，広島の原爆犠牲者も含め多くの生命が踏みにじられました。現在でもこの地球上で行われている紛争等によって，同じことが繰り返されています。子どもや動物，昆虫などの生き物たちにとってその恐怖は，発言権も選択権もなく抵抗も予測も出来ないというてんにおいては，震災と共通するものがあるとはいえないでしょうか。しかし，戦争は，人の力で止めることが出来るのです。われわれは，地球というひとつの箱の中を分け合って暮らしています。環境問題などに直面している今，ヒトはもはや，内輪もめを止め，皆が協力して問題解決に当たっていける方向に努力すべきです。

この世界から，「戦争」という文字が1日も早く無くなり，古い歴史書の中だけに眠ることを心から願っています。そのとき，世界中の子どもたちが大人に尋ねるのです。「「戦争」って何？ 古い歴史書で見たんだ」。戦争の悲惨さは語り継がれなければならないものではありますが，一方で，それすら必要のない地球になってくれることを心から祈ります。夢物語なのでしょうか？ しかしながら，古代の人から見れば，インターネットなど今のわれわれの文化の多くは，夢物語にみえるでしょ

う。発想を変えれば，不可能にみえることも可能にできる。ヒトにはそんな力があると私は信じています。

　最後に，いつも最大限の援助をしてくれた両親，照正，美惠子に心から感謝します。父は誠に厳格でしたが，世界平和の為，他界する直前まで足を棒にして歩きまわっていた彼の志を私は忘れません。幼い頃，父によく連れて行ってもらった長崎の小さな海が，私の今のかたちの原点になっています。また，夫や子どもたちのために，いつも自分のことを犠牲にして笑顔で料理を作り続けてくれた，根性のある優しい母にもありがとうと言いたいと思います。幼いの頃から，愛することの喜びを教えてくれた愛犬，愛猫にもありがとう。生命について教えてくれた友人であった昆虫や草花，長崎の緑々とした山々や光る海，私をあたたかく受け入れてくれた第二の故郷のような北海道，宇宙の全てに感謝します。

　そして本書が，生命についての思索の一助となるようなことがあれば，この上ない幸いです。

　心から，ありがとうございます。

　　　2012年1月　長崎にて

　　　　　　　　　　　　　　　　　　　　　　　松　永　幸　子

文　　献

検討資料

Adams, John, *An Essay concerning Self-Murther*, London, 1700
Adams, T., *Mystical Bedlam or The World of Mad-Men*, London, 1615
アウグスティヌス『神の国』第1巻，服部英次郎訳，岩波書店，1982年
────『神の国』第4巻，服部英次郎訳，岩波書店，1986年
Allen. J. W., *A Sermon*, London, 1787
Blackmore, R., *A Treatise of the Spleen and Vapours : or Hypocondriacal and Hysterical Affections*, London, 1725
Blackstone, W., *Commentaries on the Laws of England*, IV, The University of Chicago Press, 1979(1769)
Blount, C., *Philostratus, Concerning the Life of Apollonius Tyaneus*, London, 1680
Bracton, H. D., *Bracton on the Laws and Customs of England*, ed. and trans. by S. E. Thorne, Cambridge, Mass., 1968(1250-1260)
Bright, T., *A treatise of Melancholie*, London, 1586
Burton, R., *Anatomy of Melancholy*, London, 1621
Charlton, W., *Epicurus's Morals*, London, 1656
Cheyne, G., *The English Malady: or, a Treatise of Nervous Diseases of all Kinds*, London, 1734
Clark, S., *A Discourse concerning the Unchangeable Obligations of Natural Religion, and the Truth and Certainty of the Christian Revelation*, London, 1706
Cogan. T., T. Cogan, *A Philosophical Treatise on the Passions*, London, 1802
────, *Theological Disquisition in the Characteristic Excellencies of Christianity*, London, 1813
────, *Ethical questions*, London, 1817
Donne, J., *Biathanatos ; A Declaration of that Paradoxe or Thesis, that Selfe-homicide is not so naturally Sinne, that it may neuer be otherwise. Wherein The Nature and the extent of all those Lawes, which seeme to be violated by this Act, are diligently Surueyd*, Associated University Press, 1984(1647)；吉田幸子他訳『ジョン・ダン自殺論』英宝社，2008年
────『対訳ジョン・ダン詩集』湯浅信之訳，岩波書店，1995
E. P, *A Discourse of Self-Murder*, London, 1691
Finch, R. P., *A Sermon*, London, 1788

Francklin, T., *A Sermon preached before the Humane Society*, London, 1779

Fleetwood, W., *The Relative Duties of Parents and Children, Husbands and Wives, Masters and Servants, Consider'd in Sixteen Sermons : With Three more upon the Case of Self- Murther*, London, 1985(1705)

Gildon, C., *Miscellaneous Letters and Essays on Several Subject*, London, 1694

―――, "Account of the Life and Death of the Author" Blount, *The Miscellaneous works of Charles Blount*, London, 1696

Glasse, S., *A Sermon*, London, 1793

Gregory, G., *A Sermon on Suicide*, London, 1797

―――, *Essays on Historical and Moral*, London, 1788

Hale, Sir Matthew, *Historia Placitorum Coronae : The History of the Pleas of the Crown*, London, 1971(1736)

Hawes, W., *An Address to The King and Parliament of Great- Britain*, London, 1778,

―――, *Plan and Reports of the Society*, London, 1774

Henry de Bracton, *Bracton on the Laws and Customs of England*, ed. and trans. by S. E. Thorne, Cambridge, Mass., 1968(1250-1260),

ヒポクラテス『ヒポクラテス全集』第2巻，近藤均訳，エンタプライズ，1985年

Hobbes, T., "A Dialogue between a Philosopher & a Student of The Common Laws of England" *The English works of Thomas Hobbes* Vol. IV, London, 1840(1681)

―――, *Leviathan*, Harmondsworth, 1968(1651)；永井道雄訳『リヴァイアサン』，中央公論社，1971年

Hume, D., *Essays on Suicide, and Immortality of the Soul*, London, 1783；斎藤繁雄他訳『奇蹟論・迷信論・自殺論』法政大学出版局，1985年

―――, *A Treatise of Human Nature*, ed. by David Fate Norton & Mary J. Norton, Oxford University Press, 2000 (1739-1740)：ヒューム『人性論（一）〜（四）』大槻春彦訳，岩波書店，1948〜1952年

―――『人間知性研究』斎藤繁雄・一ノ瀬正樹訳，法政大学出版局，2004年

Locke, J., *The Educational Writings of John Locke : A critical edition with introduction and notes*, ed. by J. L. Axtell, Cambridge UP, 1968, p.217；服部知文訳『教育に関する考察』岩波書店，1967年

Mandeville, B., *The Fable of the Bees and Other Writings*, Hackett Publishing Company, 1997(1732)

―――, *The Fable of the Bees or Private Vices, Publick Benefits*, London, 1714；泉谷治訳『蜂の寓話――私益すなわち公益』法政大学出版局，1985年

―――, *The Fable of the Bees or Private Vices, Publick Benefits*, Part Ⅱ , London, 1729；泉谷治訳『続・蜂の寓話――私益すなわち公益』法政大学出版局，1993年

Markham, R., *A Sermon preached for the Benefit of the Humane Society*, London, 1777

Milne, C., *A Sermon*, London, 1778

Moore, C., *A Full Inquiry into the Subject of Suicide*, Vol. 1,2, London, 1790

Philipot, T., *Self-homicide-murther,or some Antidotes and Arguments Gleaned out of the Treasuries of Our Modern Casuicts and Divines, Against that Horried and Reigning Sin of Self-Murther*, London, 1674

Pierce, E., *Discourse of Self-Murder*, London, 1691

Rawley, W., *A Treatise on Female, Nervous, Hysterical, Hypochondriacal, Bilious, Convulsive Diseases* ; *apoplexy and Palsy; with thoughts on Madness, Suicide, & c.*, London, 1788

Rennnell, T., *A Sermon*, London, 1794

Reports, 1774(1): The plan of an institution for affording immediate relief to persons apparently dead, from drowning. And also for disusing a general knowledge of the manner of treating person in a similar critical state, from various other causes such as Strangulation by the cord, Suffocation by noxious Vapours, London, 1774

Reports, 1774(2): Society for the Recovery of Persons Apparently Drowned. Instituted M.DCC.LXXIV, London, 1774

Reports, 1774(3): Society for the Recovery of Persons Apparently Drowned. Instituted MDCCIXXIV, London, 1774

Reports, 1774(4): Reports of the Society, etc Part II , London, 1774

Reports, 1774(5): Reports Plan and Reports of the Society for the Recovery of Persons Apparently Drowned. Instituted MDCCLXXIV, London, 1775

Reports, 1775: Plan and Reports of the Society instituted at London, etc., London, 1775

Reports, 1776(1): Reports of the Society instituted in the year 1774, for the recovery of person apparently drowned. For the year MDCCLXXV [1775], London, 1776

Reports, 1776(2): Reports of the Humane Society, instituted in the year 1774, for the recovery of persons apparently drowned. For the year MDCCLXXVI [1776], London, 1776

Reports, 1778(1): Reports of the Humane Society instituted in the year 1774, for the recovery of persons apparently drowned. For the year MDCCLXXVII [1777], London, 1778

Reports, 1778(2): Reports of the Humane Society instituted in the year 1774, for the recovery of persons apparently drowned. For the year MDCCLXXVIII [1778], London, 1778

Reports, 1781: Reports of the Humane Society instituted in the year 1774, for the recovery of persons apparently drowned. For the year MDCCLXXIX and MDCCLXXX[1779 and 1780], London, 1781

Reports, 1782: Reports of the Humane Society instituted in the year 1774, for the recovery of persons apparently drowned. For the year MDCCLXXXI and MDCCLXXXII [1781 and 1782], London, 1782

Reports, 1784: Reports of the Humane Society instituted in the year 1774, for the recovery of persons apparently drowned. For the year MDCCLXXXIII and MDCCXXXIV [1783 and 1784], London, 1784

Reports, 1787: Reports of the Humane Society instituted in the year 1774, for the recovery of persons apparently drowned. For the year MDCCLXXXV and MDCCXXXVI [1785 and 1786] London, 1787

Reports, 1790: Reports of the Humane Society instituted in the year 1774, for the recovery of persons apparently drowned. For the year MDCCLXXXVIII [1787], MDCCLXXXVIIII[1789], MDCCLXXXIX[1789], London, 1790

Reports, 1791: Royal Humane Society, instituted 1774, Published for the Anniversary Festival 1791（出版詳細記載なし）

Reports, 1792: Royal Humane Society, instituted 1774, Published for the Anniversary Festival 1792（出版詳細記載なし）

Reports, 1793: Royal Humane Society, instituted 1774, The Annual Report, Published for the Anniversary Festival 1793 by W. Hawes, M. D. Register（出版詳細記載なし）

Reports, 1794: Royal Humane Society, instituted 1774, The Annual Report, Published for the Anniversary Festival 1794 by W. Hawes, M. D. Register（出版詳細記載なし）

Reports, 1795: Royal Humane Society, instituted 1774, The Annual Report, Published for the Anniversary Festival 1795 by William Hawes, M. D.（出版詳細記載なし）

Reports, 1796: The Royal Humane Society, instituted 1774, The Annual Report, 1796 By William Hawes, M. D.（出版詳細記載なし）

Reports, 1797: The Annual Report 1797 by W. Hawes. M.D.（出版詳細記載なし）

Reports, 1798: Royal Humane Society, 1774, Annual Report published for the Anniversary Festival 1798 by W. Hawes M. D., London, 1798

Reports, 1799: Royal Humane Society, 1774, Annual Report 1799 by W. Hawes M. D., London, 1799

Pott, J. H., *A Sermon*, London, 1790

Savery, S., *A Sermon*, London, 1786

セネカ『怒りについて』茂手木元蔵訳, 岩波書店, 1980 年

──『わが死生観──人間, どう生きるか』草柳大蔵訳, 三笠書房, 1986 年

──『人生の短さについて』茂手木元蔵訳, 岩波書店, 1980 年

Swain, J. H, *A Sermon for the Benefit of the Humane Society*, London, 1783

Sym, John, *Lifes Preservative against Self-Killing, or, as Vsefvl Treatise Concerning Life and Self-murder*, London, 1637

トマス・アクィナス『神学大全』第 13 巻, 稲垣良典訳, 創文社, 1977 年

──『神学大全』第 18 巻, 稲垣良典訳, 創文社, 1983 年

Whitt, R., *Observations on the Nature, Causes and Cure of Nervous Hypochondriac or Hysteric, to which are prefixed some Remarks in the Sympathy of the Nerves*, Edinburgh, 1764

Hansard's Parliamentary Debates, NS. IX

1823 年自殺法（4 Geo. IV. c.52）

Gentleman's Magazine, 1774-1799

The Daily Universal Register, 1785-1799

Coroners' Inquisition for Westminster, 1760-1799

先行研究・参照文献

Abrams, M. H. ed, *The Norton Anthology of English Literature*, 6th edition, Norton & Co Inc, 1993
Anderson, O., *Suicide in Victorian and Edwardian England*, Oxford University Press, 1987
安藤高行『17世紀イギリス憲法思想史——ホッブズの周辺』法律文化社, 1993年
アリエス, Ph.『死と歴史』伊藤晃他訳, みすず書房, 1983年
─────『死を前にした人間』成瀬駒男訳, みすず書房, 1990年
Bailey, V., *This Rash Act : Suicide Across the Life Cycle in the Victorian City*, Stanford University Press, 1998
Barclay, C., *The Medals of The Royal Humane Society*, London, 1998
ビル, B.『女性たちの十八世紀——イギリスの場合』福田良子訳, みすず書房, 1990年
ビック, C.「安楽死と生命に対する権利：ダイアン・プリティ事件」『医療・生命と倫理・社会』第4号（オンライン版）, 大阪大学大学院医学系研究科・医の倫理学教室, 2005年
Bishop, P. J., *A Short History of the Royal Humane Society*, London, 1974
Caflleigh, A. S., "Drowning and the Founding of The Royal Humane Society" *Academic Medicine*, Vol.71, Hanley & Belfus, 1996
Charlton, R. W. C., 'The Royal Humane Society', *Community Health*, Bristol, 1970
Coke, D., *Saved from a Watery Grave*, London, 2000
コースガード, C.,「反省に基づく認証」, コースガード他『義務とアイデンティティの倫理学——規範性の源泉』岩波書店, 2005年, 55-103頁
Daube, D., "The Linguistics of Suicide", *Philosophy and Public Affairs*, Princeton University Press, 1972
Davidson, L. A. F., *Raising up humanity–A cultural history of resuscitation and the Royal Humane Society of London, 1774-1808*, University of York, 2001
ドゥルーズ, G., クレソン, A.『ヒューム』合田正人訳, 筑摩書房, 2000年
デュルケーム, E.『自殺論』宮島喬訳, 中央公論社, 1985年
エリアス, N.『死にゆく者の孤独』中居実訳, 法政大学出版局, 1990年
Ellenberger, H. F., *The Discovery of the Unconscious*, Basic Books, 1970；木村敏・中井久夫監訳,『無意識の発見』弘文堂, 1980年
Fletcher, A. & Stevenson, J. et. al., *Order and Disorder in Early Modern England*, Cambridge University Press, 1985
フーコー, M.『狂気の歴史』田村俶訳, 新潮社, 1975年
─────『性の歴史Ⅰ』渡辺守章訳, 新潮社, 1986年
─────「全体的かつ個別的に——政治理性批判をめざして」田村俶訳,『現代思想』Vol.15-3, 1987年

―――――『同性愛と生存の美学』増田一夫訳，哲学書房，1987年
Gates, B. T., *Victorian Suicide*, Princeton University Press, 1988；桂文子訳『世紀末自殺考――Victorian Suicide』英宝社，1999
浜林正夫『イギリス市民革命史』未来社，1971年
Herrup, C. B., "Law and Morality in Seventeenth-Century England", Past & Present, No.106, 1985
ヒル, C.『17世紀イギリスの民衆と思想』小野功生他訳，法政大学出版局，1998年
ヒルマン, J.『自殺と魂』樋口和彦・武田憲道訳，創元社，1982年
ヒポクラテス「食餌法について」『ヒポクラテス全集』第二巻，近藤均訳，エンタプライズ，1985年
布施豊正『自殺と文化』新潮社，1975年
市野川容孝「生-権力論批判――ドイツ医療政策史から」『現代思想』第21巻，青土社，1993年
―――――『社会学になにができるか』八千代出版，1997年
―――――『身体/生命』岩波書店，2000年
―――――「権力と看護職――社会学的観点から」『Quality Nursing』vol.8，文光堂，2002年
市野川容孝・廣野喜幸・林真理編『生命科学の近現代史』勁草書房，2002年
一ノ瀬正樹「「殺人」試論」『東京大学大学院人文社会系研究科・文学部哲学研究室論集』20号，2001年
稲村博「自殺防止の歴史」青少年問題研究会『青少年問題』26巻，1979年
入谷亜希子「18世紀イングランドの犯罪者把握における教育・人間観――『ニューゲイト・カレンダー』にみられる教育・処罰記述を手がかりに」『日本の教育史学』第46集，2003年
石井厚『精神医学疾病史』金剛出版，1981年
James, Susan, *Passion and Action*, Oxford University Press, 1997
甚野尚志『隠喩のなかの中世――西洋中世における政治表徴の研究』弘文堂，1992年
金森修「生殖のバイオポリティックス」『思想』908号，岩波書店，2000年
神谷慧一郎『我々はなぜ道徳的か――ヒュームの洞察』勁草書房，2002年
金澤周作「近代英国におけるフィランスロピー」『史林』83巻1号，2000年
川北稔『イギリス史』山川出版社，1998年
川本隆史・花崎皋平「自己決定権とは何か」『現代思想』青土社，26号，1998年
川本隆史「自己決定権と内発的義務――〈生命圏の政治学〉の手前で」『思想』908号，岩波書店，2000年
古賀勝次郎『ヒューム体系の哲学的基礎――デイヴィド・ヒューム研究Ⅰ』行人社，1994年
小松佳代子『社会統治と教育――ベンサムの教育思想』流通経済大学，2006年
小松美彦「「死の自己決定権」と「共鳴する死」」『imago イマーゴ』7号，1996年
―――――「「自己決定権」の道ゆき―「死の義務」の登場（上）――生命倫理学の転

成のために」『思想』908 号, 岩波書店, 2000 年
近藤和彦『長い 18 世紀のイギリス——その政治社会』山川出版社, 2002 年
厚生省大臣官房統計情報部『自殺死亡統計』厚生統計協会, 1999 年
クリバンスキー, R. 他『土星とメランコリー』田中英道他訳, 晶文社, 1991 年
ラスレット, P.『われら失いし世界』川北稔他訳, 三嶺書房, 1986 年
────『家族と人口の歴史社会学』斎藤修訳, リブロポート, 1988 年
Lyons, J. O., *The Invention of the Self*, Southern Illinois University Press, 1978
MacDonald, M., & Murphy, T., *Sleepless Souls : Suicide in Early Modern England*, Oxford University Press, 1990
Mackie, J. L., *Hume's Moral Theory*, Routledge, 1980
マクマナーズ, J.『死と啓蒙——18 世紀フランスにおける死生観の変遷』小西嘉幸訳, 平凡社, 1989 年
Mark, J., "The Fothergillian Medal of the Royal Humane Society", *British Numismatic Journal*, Vol.54, London, 1968
マーカムソン, R. W.『英国社会の民衆娯楽』川島昭夫他訳, 平凡社, 1993 年
松永幸子「近世イングランドにおける初期自殺論の特性——ジョン・シムとジョン・ダンの場合」『東京大学大学院教育学研究科紀要』第 42 巻, 2003 年
────「生命・自己・モラリティと教育——17・18 世紀イギリス自殺論争史から」『研究室紀要』第 30 号, 東京大学大学院教育学研究科教育学研究室, 2004 年
────「ヒュームの道徳論——人為的徳の形成にかかわるものとしての〈教育〉」『東京大学大学院教育学研究科紀要』第 44 巻, 2005 年
南亮三郎『人口思想史』千倉書房, 1963 年
宮澤康人『大人と子供の関係史序説』柏書房, 1998 年
────編著『改訂版 近代の教育思想』放送大学教育振興会, 1998 年
文部省『高等学校学習指導要領解説 総則編』東山書房, 1999 年
モネスティエ, M.『自殺全書』大塚宏子訳, 原書房, 1997 年
Monois, G., *Histoire du suicide* ; *La société occidentale face à la mort volontaure* : trans. Lydia G. Cochrane, *History of Suicide* ; *Voluntary Death in Western Culture*, Johns Hopkins University Press, 1999
Morgan, H. Gethin. et al. Suicide Prevention; The Challenge Confronted, A Manual of Guidance for The Purchasers and Providers of Mental Health Care, London, HMSO, 1994
Mossner, E. C., *The Life of David Hume*, Oxford University Press, 1970
Mundell, F., *Stories of the Royal Humane Society*, London: The Sunday School Union, 1896
村上直之『近代ジャーナリズムの誕生——イギリス犯罪報道の社会史から』岩波書店, 1995 年
Murray, A., *Suicide in the Middle Ages* Vol.1,2, Oxford University Press,1998
内閣府『自殺防止対策白書』(http://www8.cao.go.jp/jisatsutaisaku/sougou/taisaku/pdf/t.pdf)

中井久夫『西欧精神医学背景史』みすず書房，1999 年
新村出編『広辞苑』第 5 版，岩波書店，1998 年
奥田太郎「ヒューム道徳哲学における〈一般的観点〉」『倫理学研究』，関西倫理学会，2002 年
─────「理性は情念の奴隷か？ヒューム『人間本性論』における奴隷メタファーの検討」『アカデミア 人文・社会科学編』85 号，南山大学，2007 年
大鹿勝之「ヒューム自殺論について──ヒュームの自殺についての試論とヒュームに対する初期の反応」『東洋大学大学院紀要』42 号，2005 年
Owen, D., *English Philanthropy ; 1660-1960*, The Belknap Press of Harvard University Press, 1964
パンゲ, M.『自死の日本史』竹内信夫訳，筑摩書房，1986 年
ペリシエ, E.『精神医学の歴史』三好暁光訳，白水社，1974 年
ホブズボーム, E. J.『産業と帝国』浜林正夫他訳，未来社，1984 年
ポーター, R.『イングランド 18 世紀の社会』目羅公和訳，法政大学出版局，1996 年
─────『狂気の社会史』目羅公和訳，法政大学出版局，1993 年
Radzinowicz, Leon, *A History of English Criminal Law and its Administration from 1750*, London, 1948
リード, E. S.『魂から心へ──心理学の誕生』村田純一他訳，青土社，2000 年
レペニース, W.『メランコリーと社会』岩田行一・小竹澄栄訳，法政大学出版局，1987 年
サンプソン, G.『ケンブリッジ版イギリス文学史』平井正穂訳，研究社，1976 年
セネカ『人生の短さについて・他二篇』茂手木元蔵訳，岩波書店，1980 年
─────『怒りについて』茂手木元蔵訳，岩波書店，1980 年
Sharpe, J. A., *Crime in Early Modern England 1550-1750*, Longman, 1984
ショーター, E.『近代家族の形成』田中俊宏他訳，昭和堂，1987 年
Simon, Joan, *Education and Society in Tudor England*, Cambridge University Press, 1966
サイモン, J.『イギリス教育史 I』成田克矢訳，亜紀書房，1977 年
塩川徹也「17・18 世紀までの身心関係論」『新岩波講座 哲学』第 9 巻，岩波書店，1986 年
白水浩信『ポリスとしての教育──教育的統治のアルケオロジー』東京大学出版会，2004 年
Sprott, S. E., *The English Debate on Suicide : From Donne to Hume*, Open Court, 1961
Stone, L., *The Family, Sex and Marriage in England 1500-1800*, Penguin Books, 1979
鈴木勇『イギリス重商主義と経済学説』学文社，1986 年
高柳賢三・末延三次編『英米法辞典』有斐閣，1952 年
立岩真也「死の決定について」，大庭健・鷲田清一編『所有のエチカ』ナカニシヤ出版，2000 年
テレンバッハ『メランコリー』木村敏訳，みすず書房，1985 年
寺崎弘昭「ロック，ブラックストーン，そして Power of Correction──近代イギリスにおける家族・市民社会・国家と教育　研究序説（その 2）」『東京大学教育学部

紀要』第 24 巻，1984 年
─────「小リヴァイアサンにおける父・母・子と〈教育〉──ホッブズ『リヴァイアサン』第 20 章を読む」『お茶の水女子大学人文科学紀要』第 44 巻，1991 年
─────『イギリス学校体罰史──「イーストボーンの悲劇」とロック的構図』東京大学出版会，2001 年
─────『ヨーロッパ教育関連語彙の系譜に関する基礎的研究』2001-3 年度科学研究費補助金研究成果報告書，2004 年
─────「はじまりの《心理学》と西周──「心理学」をリセットする」『山梨大学教育人間科学部紀要』第 8 号，2007 年
土岐邦夫「ヒュームの道徳論─1」『岡山大学文学部学術紀要』2 号，1981 年
─────「ヒュームの道徳論─2」『岡山大学文学部学術紀要』4 号，1983 年
─────「ヒュームの道徳論─3」『岡山大学文学部学術紀要』5 号，1984 年
トリヤ，E.『ヒステリーの歴史』安田一郎・横倉れい訳，青土社，1998 年
杖下隆英『ヒューム』勁草書房，1982 年
都築貴博「ヒュームの〈人為的徳〉論」『哲学』日本哲学会，1998 年
植田紀美子「自殺防止対策有識者懇談会報告「自殺予防に向けての提言」について──公衆衛生従事者に期待されること」『公衆衛生』第 67 巻 第 2 号，医学書院，2003 年
William, R.,& Morgan, H., ed., *Suicide Prevention ; The Challenge Confronted*, London: HMSO, 1994
ウィリー，B.『十八世紀の自然思想』三田博雄他訳，みすず書房，1975 年
山岸利次「統計，道徳，社会，そして教育──19 世紀ドイツ道徳統計論史から」『長崎国際大学論叢』7 巻，2007 年
山口真理「18 世紀イングランドの捨て子処遇における『家族』と『教育』──ファウンドリング・ホスピタルからハンウェイ法へ」『日本の教育史学』第 43 集，2000 年
安川哲夫『ジェントルマンと近代教育──〈学校教育〉の誕生』勁草書房，1995 年
Memoirs of William Hawes, M. D., *Extract from the European Magazine, and London Review*, London, 1802
Royal Humane Society HP ; http://www.royalhumanesociety.org.uk/index.php
Royal Humane Society, *Annual Report 2006*
Canadian Humane Association HP; http://www.canadabraveryawards.com/
National Institute for Mental Health in England, *National Suicide Prevention Strategy for England; Annual Report on progress 2004*
National Institute for Mental Health in England, *National Suicide Prevention Strategy for England ; Annual Report on progress 2005*
Department of Health, *National Suicide Prevention Strategy for England*, 2002
Dictionary of National Biography on CD-ROM, Oxford University Press, 1995

索　引

RHS　　7, 13-15, 17, 114, 115, 117, 118, 120-22, 125, 127, 130-40, 149, 153-57, 160, 164, 165, 167
self-murder　　9, 10, 28, 149, 150, 164
suicide　　4, 8-11, 30, 32, 83, 109, 115, 131, 133, 140, 149, 159, 164

アウグスティヌス　　15, 21-24, 26, 31, 34
アダムス，ジョン　　63-71, 74, 77, 80, 89, 108, 158, 160, 162
イギリス病　　8, 90, 91, 95, 105, 110
エピクロス　　32-34, 146-48, 159

ガレノス　　104
患者　　105, 106, 108-10, 163, 166
教育　　3-5, 7-9, 14-17, 27, 30, 46, 54-61, 64, 71, 77, 78, 81-84, 86-89, 91, 114, 117, 119, 123, 124, 131, 133-46, 148, 151-57, 161, 162, 164-167, 169-71
共感　　38, 39, 52-54, 56, 61, 103, 104, 106, 132, 133, 138, 144, 154, 165
狂気　　6, 7, 16, 25, 70, 71, 73, 74, 78, 80, 81, 83, 89-91, 93, 96, 97, 99-101, 103, 107-10, 129, 160, 161, 163-65
ギルドン，チャールズ　　15, 35-40, 52, 76, 77, 159
クラーク，サミュエル　　47, 75-77, 160
グレゴリー，ジョージ　　17, 83, 87, 88, 135, 138-54, 162
ケイン，ジョージ　　90-96, 105, 110, 164
コーガン，トマス　　17, 117, 118, 135-39, 160, 165

慈愛　　25, 53, 54, 61, 121-23, 125, 132-39, 144, 150, 152-54, 160, 165
ジェントルマンズ・マガジン　　132, 133
自己愛　　47, 52-54, 58, 61, 75, 76, 135-39, 160, 165
自己殺害　　11, 12, 16, 26, 28, 39, 70, 71, 81, 89, 110, 129, 149, 150, 160, 161, 165
自己保存　　16, 27, 29, 30, 32-36, 42, 46, 60, 64-66, 74-76, 78, 79, 147, 150, 154, 157-60, 162, 165
自然的徳　　46, 52-54, 61
自然法　　22, 26, 29, 30, 33-35, 42, 47, 52, 53, 63, 64, 66, 75, 147, 150, 154, 157, 159
シム，ジョン　　15, 24, 25-27, 30, 101, 159, 160
情念　　17, 26, 34, 36-41, 43, 47-53, 56-58, 60, 61, 68, 69, 73, 74, 77, 82, 83, 85, 86, 88, 93, 97, 99, 100, 103-05, 107, 135, 136, 138, 139, 142, 143, 145, 147-49, 154-57, 161-63, 165
人為的徳　　46, 47, 52-54, 56, 58, 59, 61
心神喪失　　11, 12, 16, 70, 71, 80, 81, 89, 90, 107, 108, 110, 135, 149, 154, 160, 161, 163-65
ストア派　　34, 38, 39, 66
生-権力　　5, 6
セネカ　　28, 38, 39

タイムズ　　132
ダン，ジョン　　9, 10, 15, 27-35, 39, 40, 42, 45, 46, 48, 61, 63-67, 77-79, 145, 150-52, 158-60, 169
チャールトン，ウォルター　　10, 32-36, 40, 42, 46, 114, 146, 147, 159, 164

索　引

デュルケーム，エミール　　6, 9
同情　　53, 74, 138, 154-56, 160, 164
トマス・アクィナス　　15, 22-24, 26, 29-31, 41, 45, 46, 61, 64, 65, 67

年次報告書　　15, 17, 115, 120, 126, 164

バートン，ロバート　　99-101, 163
ヒステリー　　101, 103-06
ヒポクラテス　　28, 92, 93, 104
ヒポコンドリー　　101, 103, 104, 106
ヒューム，ディヴィッド　　9, 16, 35, 36, 40-61, 77-80, 148-52, 154, 159, 160, 161
フーコー，ミシェル　　5-8, 101, 103, 167
フィリポット，トマス　　63-65, 71
ブライト，ティモシー　　95-101, 163
ブラウン，チャールズ　　16, 34-36, 38, 76, 158, 159
ブラックモア，リチャード　　101-03
フリートウッド，ウィリアム　　72-75
ホーズ，ウィリアム　　16, 17, 117, 119-25, 127, 129, 135
ホイット，ロバート　　103-06, 110
ホッブズ，トマス　　26, 30, 32, 52, 65, 66, 70, 75, 76, 157, 158, 162

マンデヴィル，バーナード　　84, 85, 87, 88, 162
ムーア，チャールズ　　77-83, 87, 89, 90, 162
メランコリー　　16, 74, 81, 91, 92, 95-106, 110, 111, 155, 163
モラル　　9, 15-17, 26, 32, 33, 37, 46, 63, 68, 70, 71, 80-83, 87, 89, 90, 107, 108, 125, 133, 134, 139-41, 144-46, 152, 153, 155, 157, 160-62, 165, 167

レッソム，ジョン・コークリー　　117, 125
ロウレイ，ウィリアム　　106-10, 163, 164
ロック，ジョン　　47, 75, 87, 88, 143, 144, 154, 162

松永　幸子（まつなが・さちこ）

長崎市出身。立教大学文学部卒業（西ミシガン大学交換留学）。東京大学大学院教育学研究科博士課程修了。稚内北星学園大学講師、東海大学准教授等を経て埼玉学園大学人間学部准教授。博士（教育学）。

〔論文〕「18世紀後半イギリスにおける人命救助と自殺防止」『イギリス哲学研究』2010年、「倉橋惣三の教育者論」『東海大学国際文化学部紀要』2010年 他。

〔近世イギリスの自殺論争〕　　　　　ISBN978-4-86285-128-4
2012年3月17日　第1刷印刷
2012年3月22日　第1刷発行

著者　松永幸子
発行者　小山光夫
製版　ジャット

発行所　〒113-0033 東京都文京区本郷1-13-2
電話03(3814)6161 振替00120-6-117170
http://www.chisen.co.jp
株式会社 知泉書館

Printed in Japan　　　　印刷・製本／藤原印刷